책을 내면서...

대한민국 국민 5,182만 명!
스마트폰 개통대수 7,600만 대!

이번에 출간하는 책은 13년 동안 뉴미디어 마케팅 교육(스마트폰, SNS마케팅 등)을 해오고 있는 SNS소통연구소에서 시니어 실버분들의 즐거운 인생을 위해 시니어 실버가 보기 편하게 제작한 책입니다.

책 크기도 A4 크기이고 글자 크기도 12포인트로 제작해 시니어 실버분들이 책을 보는 데 있어 매우 편하게 되어 있습니다.

SNS소통연구소는 13년 동안 시니어 실버들에게 스마트폰 활용 교육을 하면서 꼭 필요한 스마트폰 활용 기능이 무엇인지 누구보다도 잘 알고 있습니다.

따라서 SNS소통연구소에서 발행한 이 책은 스마트폰 활용을 잘 못하시는 시니어 실버분들에게 훌륭한 스마트폰 기본 활용의 지침서가 될 것입니다.

스마트폰 기초 편, 중급 편, 고급 편 3종의 시리즈로 제작되어 있는 이 책은 수준별로 선택해서 보실 수 있습니다.

스마트폰 기초 편에서는 스마트폰 기본 활용, 카메라 활용, 인공지능 서비스, 유튜브 활용, 키오스크 및 줌(ZOOM) 활용 등에 대한 설명이고 스마트폰 중급 편에서는 이미지 합성 앱 활용하기, 카드뉴스 만들기, 인공지능 카메라 필터 및 보정 앱 활용하기, UCC 영상 편집 등을 담아내고 있으며 스마트폰 고급 편에서는 스마트폰 요금제 및 보험 선택하는 법, 번역 및 여행 앱 활용하기, 쇼핑몰 활용하기, 결제 서비스 활용하기, 교통 앱 활용하기, 스마트워크 앱 활용하기에 대해서 다루고 있습니다.

전국에서 스마트폰 활용 교육을 하고 계시는 스마트폰 강사님들도 이 책을 스마트폰 활용 교육 시 교재로 사용하시면 강사님과 수강생 분들에게 많은 도움이 되실 거라 자부합니다.

　SNS소통연구소는 2010년도부터 스마트폰 활용 교육을 전문적으로 해오고 있습니다. 스마트폰 교육 전문가를 양성하기 위해서 국내 최초로 스마트폰 강사 자격증인 [스마트폰 활용지도사] 교육을 통해 현재까지 2,500명 이상 되는 분들을 양성했습니다.

　자격을 취득하고 훈련을 통해 전문가로 거듭난 [스마트폰 활용지도사] 선생님들은 전국 각 기관 및 단체에서 왕성히 활동을 하고 있습니다.

　이번 책 구성도 전국에서 강의를 하는 스마트폰 활용지도사 선생님들의 교육 커리큘럼을 참고해서 탄생하게 된 것입니다.

　필요로 하는 전부를 담아내지는 못하지만 그래도 이번 책을 통해 스마트폰 활용 교육 강사님들이나 수강생들 모두에게 도움이 되었으면 좋겠습니다.

　SNS소통연구소가 항상 강조하고 있는 "스마트폰 제대로 배우고 익히면 인생이 즐거워지고 비즈니스가 풍요로워집니다!"를 대한민국 국민 모두가 공감하고 제대로 스마트폰 활용을 하셨으면 하는 바람이 간절합니다.

★ 스마트폰 활용지도사 자격증에 대해서 아시나요?
(과학기술정보통신부가 검증하고 한국직업능력개발원이 관리하는
스마트폰 자격증 취득에 관심 있으신 분들은 살펴보세요)

★ 상담 문의 이종구 010-9967-16654
E-mail : snsforyou@gmail.com
카톡 ID : snsforyou

★ 스마트폰 활용지도사 1급
- 해당 등급의 직무내용
초/중/고/대학생 및 성인 남녀노소 누구에게나 스마트폰 활용 교육 및 SNS 기본 교육을 실시할 수 있습니다.
개인 및 소기업이 브랜딩 전략을 구축하는 데 있어 저렴한 비용을 들여 브랜딩 및 모바일 마케팅 전략을 구축할 수 있도록
필요한 교육을 할 수 있습니다.

★ 스마트폰 활용지도사 2급
- 해당 등급의 직무내용
시니어 실버분들에게 스마트는 활용교육을 실시 할 수 있습니다. 개인 및 소기업이 모바일 마케팅 전략을 구축하는데 있어
기본적인 교육을 할 수 있습니다. 1인 기업 및 소기업이 스마트워크 시스템을 구축하는데 제반 사항을 교육할 수 있습니다.

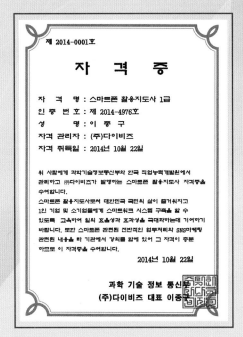

★ 시험 일시 : 매월 둘째주, 넷째주 일요일 5시부터 6시까지 1시간
★ 시험 과목 : 2급 - 스마트폰 활용 분야 / 1급 - 스마트폰 SNS마케팅
★ 합격점수 : 1급 - 80점 이상(총 50문제 각 2점씩 100점 만점에 80점 이상
주관식 10문제 포함)
2급 - 80점 이상(총 50문제 각 2점씩 100점 만점에 80점 이상)

★ 시험대비 공부방법
1. 스마트폰 활용지도사 2급 교재 구입 후 공부하기
2. 정규수업 참여해서 공부하기
3. 유튜브에서 [스마트폰 활용지도사] 채널 검색 후 관련 영상 시청하기

★ 시험대비 교육일정
1. 매원 정규 교육을 SNS소통연구소 전국지부에서 실시하고 있습니다.
2. 스마트폰 활용지도사 SNS소통연구소 블로그
(blog.naver.com/urisesang71) 참고하기
3. 소통대학교 사이트 참조(www.snawork.com)
4. NAVER 검색창에 (SNS 소통연구소)라고 검색하세요!

★ 시험 응시료 : 3만원
★ 자격증 발급비 : 7만원

1. 일반 플라스틱 자격증,
2. 종이 자격증 및 우단 케이스 제공.
3. 스마트폰 활용지도사 강의자료
제공비 포함.

★ 스마트폰 활용지도사 자격증 취득시 혜택
1. SNS 상생평생교육원 스마트폰 활용 교육 강사 위촉
2. SNS소통연구소 스마트폰 활용 교육 강사 위촉
3. 스마트 소통 봉사단에서 교육받을 수 있는 자격부여
4. SNS 및 스마트폰 관련 자료 공유
5. 매월 1회 세미나 참여 (정보공유가 목적)
6. 향후 일정 수준이 도달하면 기업제 및 단체 출강 가능
7. 그외 다양한 혜택 수여

유튜브 크리에이터 전문 지도사 시험

매월 1째,3째 일요일
오후 5시부터 6시까지

유튜브 크리에이터 전문 지도사가
즐거운 대한민국을 만들어갑니다!

● **자격명 : 유튜브 크리에이터 전문 지도사 2급 및 1급**

● **자격의 종류 : 등록(비공인) 민간자격**

● **등록번호 : 제 2020-003915 호**

● **자격 발급 기관 : 에스엔에스소통연구소**

● **총 비용 : 100,000원**

● **환불규정**
①접수마감 전까지 100% 환불 가능(시험일자 기준 7일전)
②검정 당일 취소 시 30% 공제 후 환불 가능

● **시험문의**
SNS 소통연구소 이종구 소장 : 010-9967-6654

SNS소통연구소
자격증 교육 교재 리스트

스마트폰 활용 교육 전문가들을 위한 책
(스마트폰 활용지도사 2급 교재)

SNS마케팅 교육 전문가 양성 과정 책
(스마트폰 활용지도사 1급 교재)

**1인 기업 및 소상공인들의
업무 효율 상승을 위한 책**
(스마트폰 워크 전문지도사 2급 교재)

스마트한 강사를 위한 길라잡이
(컴퓨터 활용 전문지도사 2급 교재 교재)

고품격 시니어
실버들을 위한 사이트

snswork.com

소통대학교가 즐거운
대한민국을 만들어갑니다!

소통대학교 홈페이지에 회원가입하시면

스마트폰 기본 활용부터 고급 활용,

SNS마케팅의 핵심 노하우,

강사들이 꼭 알아야 할 내용들에 대해서

풍부한 자료들을 찾아보실 수 있습니다!

SNS소통연구소 지부 및 지국 활성화

2010년 4월부터 교육을 시작한 SNS소통연구소는
현재 전국에 60여개의 지부 및 지국을 운영 중

스마트폰 활용지도사
(국내 최초! 국내 최고!)

2014년 10월 스마트폰 활용지도사 민간 자격증 취득
2급과 1급 과정을 운영중이며 현재 2,500여명 이상 지도사 양성

실전에 필요한 전문 교육
(다양한 분야 실전 교육 중심)

일반 강사들에게도 꼭 필요한 전문 교육을 실시함
(SNS마케팅, 프리젠테이션, 컴퓨터 활용 등)

SNS소통연구소 출판사

2011년 11월부터 SNS소통연구소 출판사 운영
스마트폰 활용 및 SNS마케팅 관련된 책 38권 출판
강사들에게 필요한 다양한 분야의 책을 출간 진행 중

◆ 뉴미디어 마케팅 교육 문의
(스마트폰 활용, SNS마케팅, 유튜브 크리에이터, 프리젠테이션, 컴퓨터 활용 등)

▶ SNS소통연구소 직통전화 : 010-9967-6654
▶ 소통대학교 직통전화 : 010-9793-3265

* 사회복지사란? 청소년, 노인, 가족, 여성, 장애인 등 사회적 약자에 대한 복지 정책 및 공공 복지서비스가 증대함에 따라 사회적인 문제로 어려움을 겪는 이들을 돕는 직업

* 스마트폰활용지도사란? 개인이 즐거운 인생을 살아가는데 도움을 드리고 소상공인들에게 풍요로운 비즈니스를 할 수 있도록 도움을 드리는 직업

스마트폰 활용지도사가 디지털 문맹 퇴치 운동에 앞장서고 즐거운 대한민국을 만들어가는데 초석이 되었으면 합니다.

서울/경기북부
스마트 소통 봉사단

2018년 6월부터
매주 수요일 오후 2시부터 5시까지
스마트폰 활용지도사들이 소통대학교에 모여서
강사 트레이닝을 목적으로 운영되고 있음
(기관 및 단체 재능기부 교육도 진행)

울산지부
스폰지

매월 정기모임을 통해서
스마트폰 활용지도사의
역량개발과 지역주민들을 위해
스마트폰 활용 교육 봉사활동 진행

SNS소통연구소 지부별 봉사단

부산지부
모바일

모든것이 바라는대로 이루어집니다!
매월 정기모임을 통해서
스마트폰 활용지도사의
역량개발과 지역주민들을 위해
스마트폰 활용 교육 봉사활동 진행

제주지부
제스봉

제주도 스마트폰 봉사단
매월 정기모임을 통해서
스마트폰 활용지도사의
역량개발과 지역주민들을 위해
스마트폰 활용 교육 봉사활동 진행

SNS소통연구소 전국 지부 및 지국 현황

서울 (지부장-소통대)	강남구 (지국장-최영하)	강서구 (지국장-문정임)	관악구 (지국장-손희주)	광진구 (지국장-서순례)	강북구 (지국장-명다경)	강동구 (지국장-윤진숙)
	노원구 (지국장-전윤이)	동작구 (지국장-최상국)	동대문구 (지국장-김종현)	도봉구 (지국장-오영희)	마포구 (지국장-김용금)	송파구 (지국장-문윤영)
	서초구 (지국장-선수옥)	성동구 (지국장-이명애)	성북구 (지국장-조선아)	양천구 (지국장-송지열)	용산구 (지국장-최영옥)	영등포구 (지국장-김은정)
	은평구 (지국장-노승유)	중구 (지국장-유화순)	중랑구 (지국장-정호현)			

경기북부 (지부장-이종구)	의정부 (지국장-이월례)	양주 (지국장-유은서)	동두천/포천 (지국장-김상기)	구리 (지국장-김용희)	남양주시 (지국장-정덕모)	고양시 (지국장-백종우)

경기동부 (지부장-이종구)	성남시 (지국장-노지영)	용인시 (지국장-안혜연)	경기서부 (지부장-이종구)	안양/과천 (지국장-곽문희)	시흥시 (지국장-윤정인)	부천시 (지국장-김남심)

경기남부 (지부장-이중현)	수원 (지국장-권미용)	이천/여주 (지국장-김찬곤)	인천광역시 (지부장-김미경)	서구 (지국장-어현경)	대전광역시 (지부장-유정화)	중구/유성구 (지국장-조대연)

강원도	영동지구 (지국장-장해영)	광주광역시 (지부장-김대식)		충청남도 (지부장-김미선)	청양/아산 (지국장- 김경태)	금산/논산 (지국장-부성아)

제주도 (지부장-여원식)		부산광역시 (지국장-손미연)	사상구 (지국장-박소순)	해운대구 (지국장-배재기)	기장군 (지국장-배재기)	연제구 (지국장-조환철)

대구광역시	수성구 (지국장-김기연)	경상북도 (지부장-남호정)	고령군 (지국장-김세희)	경상남도	양산시 (지국장-한수희)

울산광역시 (지부장-김상덕)	동구 (지국장-김상수)	남구 (지국장-박인완)	울주군 (지국장-서선숙)

충청북도	전라북도	전라남도

CONTENTS

CONTENTS

1강　스마트폰 요금제 선택하는 법

스마트폰을 교체할 때 우리는 많은 고민을 하게 됩니다. 어느 정도 수준의 기기를 구입할지도 고민이 되지만, 그 이상으로 신중하게 판단해야 하는 부분이 바로 요금제입니다. 여러 통신사의 다양한 서비스, 그리고 고객들의 연령과 상황에 맞게 설계된 여러 요금제 중에 나에게 맞는 요금제를 찾는 건 생각보다 쉽지 않은 일이기도 합니다.

그러다 보니 통신매장에서 권유하는 방식대로 가입을 하는 경우가 많은데요. 이런 고민을 가지신 분들에게 도움이 될 만한 나에게 맞는 요금제를 찾는 과정과 이와 관련된 다양한 정보들을 정리해서 전달해 드립니다(알뜰폰 요금제는 다른 챕터에서 상세하게 다루고 있어서 여기서는 이동통신 3사 요금제 위주로만 안내해 드리겠습니다).

요금제를 선택하기 전에 먼저 결정해야 할 부분이 최신 5G 서비스를 선택할 것인지, 아니면 그보다 오래된 LTE 요금제를 선택할 지부터 결정해야 합니다. 그런데, 이제는 5G가 통신 시장의 대세로 자리 잡았고, 이제는 LTE 단말기 재고도 많지 않은 상황이어서 5G 요금제 위주로 안내해 드리겠습니다.

◆ 스마트폰 요금제 선택은 다음의 단계를 하나씩 따라가면서 판단해보세요. ◆

1. **통신사 결정** : SKT / KT / LG유플러스 중 선택
2. **네트워크 서비스 결정** : 5G / 4G 중 선택
3. **단말기 기종 결정** : 모델에 따른 공시지원금이 다르기 때문
4. **스마트폰 기종 확인** : 안드로이드(삼성전자) vs 아이폰(애플)
5. **데이터 사용량 확인** : 고객센터 어플 또는 각 통신사 직영점, 고객센터 등을 통해서도 확인
6. **요금제 결정** : 각 통신사 홈페이지에 있는 요금제를 참고해서 선택

_____

_____

_____

_____

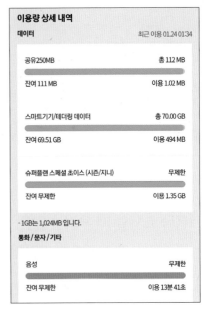

< 데이터 사용량 확인 (KT 홈페이지 / 고객센터 어플) >

① 통신사별 5G 요금제 현황

① SKT

상품명	🗄	📞	✉	월정액	선택약정 반영 금액		
5GX플래티넘	무제한	집전화·이동전화 무제한	기본제공	125,000원	93,705원	자세히보기	🔖
5GX프라임	무제한	집전화·이동전화 무제한	기본제공	89,000원	66,725원	자세히보기	🔖
5GX 레귤러플러스	250GB	집전화·이동전화 무제한	기본제공	79,000원	59,200원	자세히보기	🔖
5GX 레귤러	110GB	집전화·이동전화 무제한	기본제공	69,000원	51,730원	자세히보기	🔖
슬림	10GB	집전화·이동전화 무제한	기본제공	55,000원	41,250원	자세히보기	🔖
T플랜 맥스	무제한	집전화·이동전화 무제한	기본제공	100,000원	74,975원	자세히보기	🔖
T플랜 스페셜	150GB	집전화·이동전화 무제한	기본제공	79,000원	59,200원	자세히보기	🔖
T플랜 에센스	100GB	집전화·이동전화 무제한	기본제공	69,000원	51,730원	자세히보기	🔖
T플랜 안심4G	4GB	집전화·이동전화 무제한	기본제공	50,000원	37,460원	자세히보기	🔖
T플랜 안심2.5G	2.5GB	집전화·이동전화 무제한	기본제공	43,000원	32,220원	자세히보기	🔖

❷ KT

추천 **시즌/지니 초이스**	데이터 완전 무제한	로밍 데이터 무제한(속도제어)	시즌/지니 초이스	월 90,000원~
슈퍼플랜	데이터 완전 무제한	로밍 데이터 무제한(속도제어)	멤버십 VVIP/VIP 혜택	월 80,000원~
Y슈퍼플랜	데이터 완전 무제한	로밍 데이터 무제한(속도제어)	스마트기기 요금제 월정액 할인	월 80,000원~
5G 심플	데이터 무제한 (속도제한)	집/이동전화 무제한	문자 기본제공	월 69,000원
5G 슬림	데이터 무제한 (속도제어)	집/이동전화 무제한	문자 기본제공	월 55,000원
5G Y 슬림	데이터 무제한 (속도제어)	집/이동전화 무제한	로밍 데이터 무제한(속도제어)	월 55,000원

❸ LG유플러스

5G 프리미어 플러스		월 **105,000**원 (부가세 포함 금액)
5G 프리미어 레귤러 U⁺5G 서비스는 물론, 스마트기기 1개와 다양한 콘텐츠까지 마음껏 이용할 수 있는 5G 요금제		월 **95,000**원 (부가세 포함 금액)
5G 프리미어 에센셜 U⁺5G 서비스를 마음껏 즐길 수 있는 5G 요금제		월 **85,000**원 (부가세 포함 금액)
5G 스탠다드 넉넉한 데이터로 U⁺5G 서비스를 이용할 수 있는 5G 표준 요금제		월 **75,000**원 (부가세 포함 금액)
5G 라이트 + 저렴한 요금으로 U⁺5G 서비스를 이용할 수 있는 5G 실속 요금제		월 **55,000**원 (부가세 포함 금액)

　2015년 선택약정 제도가 도입된 이후, 일시적으로 기기값 할인을 받는 공시지원금 제도보다 매월 25%의 요금할인을 받는 선택약정 제도를 이용하는 소비자가 더 많은 것이 최근의 추세입니다. 하지만, 2021년에는 갤럭시Z플립3 등 공시지원금 조건이 유독 좋았던 모델들로 인해 각 통신사의 데이터 무제한 요금제 6개월 유지 조건으로 계약한 건들이 많았습니다.

　그럼에도 불구하고, 최소한의 요금제 유지 기간을 채우고 나서는 나의 데이터 이용량을 확인해두었다가 그 수준에 맞는 요금제로 변경하는 것이 통신비 부담을 줄일 수 있는 방법입니다(단, 스마트폰 요금제도 월 1회만 변경이 가능하기 때문에 신중하게 판단할 필요가 있습니다).

요즘 유튜브 등으로 영상을 시청하는 고객들이 많이 늘어나고 있습니다. 최고 화질의 영상을 수시로 보는 것이 아니라면 이동통신 3사 모두에게 있는 55,000원 수준으로 변경하는 것을 추천합니다. 통화·문자 무제한은 기본이고, 5G 기본데이터(10기가 정도) 소진 후 1Mbps 속도로는 데이터를 무제한으로 이용할 수 있습니다.

옵션	해상도	권장속도
1080p	1920 x 1080	3.0 ~ 6.0 Mbps
720p	1280 x 720	1.5 ~ 4.0 Mbps
480p	854 x 480	0.5 ~ 2.0 Mbps
360p	640 x 360	0.4 ~ 1.0 Mbps

요금제 변경은 각 통신사의 직영매장이나 고객센터를 통해서도 가능하지만, 각자 사용하고 있는 고객센터 어플을 통해서도 할 수 있습니다. 또한 유무선 결합이나 가족결합을 통해서도 추가 요금할인이 가능한데, 이런 결합신청이나 서류 제출도 스마트폰으로 가능합니다.

1등 비서! 스마트폰 제대로 활용하기

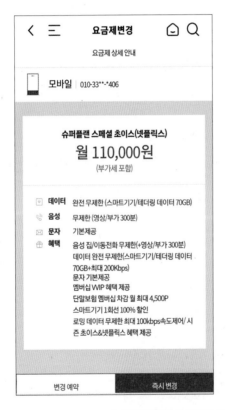
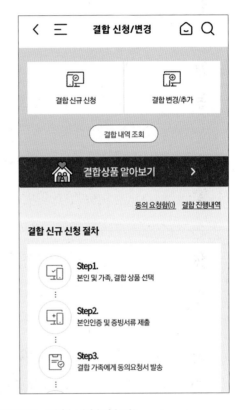

< 마이케이티 어플 (요금제변경, 결합신청 확인) >

너무 크지도 작지도 않은 적당한 정장을 입어야 몸이 불편하지 않고 활동성도 좋은 것처럼, 나의 사용패턴에 맞는 적당한 요금제를 이용해서 불필요한 비용을 지출하지 않고 즐거운 스마트폰 생활을 즐기시기 바랍니다.

2강	스마트폰 보험 선택하는 법

스마트폰이 파손되거나 분실되면 경제적으로 부담이 큽니다. 요즘 나오는 스마트폰은 고가의 제품이 많아서, 스마트폰 수리와 교체 큰 비용이 듭니다. 스마트폰을 아무리 조심히 다뤄도 사실상 사고를 완벽하게 피하기란 불가능한데, 그렇다면 사고가 난다면 이후의 조치를 편하게 할 수는 없을까요? '스마트폰 보험' 가입이 좋은 방법 중 하나입니다.

◆ **스마트폰 보험을 선택하는 방법은 다음의 방법을 한 단계식 따라가면서 판단해보세요.** ◆

1. **스마트폰 기종 확인** : 안드로이드(삼성전자) vs 아이폰(애플)
2. **스마트폰 상태 확인** : 분실 vs 파손
3. **스마트폰 출고가 확인** : 출고 가격에 맞춰서 보험상품 차이
4. **주의사항** : 개통 후 30일까지만 보상 가능함

우선, 스마트폰 보험을 소개하기 전에 스마트폰 보험 관련 기본 용어부터 정리해보겠습니다.

1. **피보험자** : 보험 보장 혜택을 받을 수 있는 사람
2. **보상한도액** : 파손 혹은 분실 시 보상받을 수 있는 최대 금액
3. **자기부담금** : 보험을 통해 보상을 받을 때, 소비자가 부담해야 하는데 일부 비용
4. **보험가입금액** : 보상한도 금액
5. **전손사고(전부 손해)** : 분실, 도난, 침수, 화재 및 완전 파손처럼 휴대폰을 완전히 사용할 수 없게 된 경우, 전손사고의 경우 보통은 기존 단말과 같은 기종으로만 보상받을 수 있습니다.
6. **분손사고(일부 손해)** : 휴대폰이 부분 파손 되어 일부 수리가 필요한 경우
7. **보험목적물** : 보험에 가입하여 보상을 받을 수 있는 대상(스마트폰 액세서리는 제외)
8. **담보지역** : 보상을 받을 수 있는 사고 장소. 국내만 담보될 시 해외 내 파손과 분실은 보상되지 않습니다.

1 보험 종류
통신사 보험(사용자 비중이 높은 안드로이드폰 보험상품에 대해서만 자세히 다루겠습니다.
다른 스마트폰은 각 통신사 홈페이지를 통해 세부 내용을 확인하시기 바랍니다.)

❶ LG U+ 휴대폰 분실/파손 보험

구분	내용
· 분실/도난 보상	· 서비스에 가입된 모델과 같은 모델로 보상하며 자기부담금이 발생 · 같은 모델이 없으면 기존 휴대폰 출고가 이내 동급 혹은 유사 기종 모델로 보상(재생단말기 포함) · 보상 휴대폰은 LG U+와 보험사가 선정 · 보상 휴대폰 선정 기준 : ±5만원 범위 이내의 출고가 또는 출시일 ±6개월 이내의 휴대폰 · 상위 혹은 후속 모델로는 보상 불가
· 파손/침수 보상	보상한도 내에서 수리비를 지원하며 자기부담금 발생

LG U+의 스마트폰 보험은 분실/파손형과 파손형으로 나뉩니다.

보험 가입은 개통 후 30일 이내에만 가능하며, 전국 LG U+ 직영점과 대리점에서 신청할 수 있습니다. 보험료는 제조사가 책정한 기기 출고가를 기준으로 정해집니다. 보험 가입 기간은 30개월이며 담보지역은 전 세계입니다. 제공되는 보험마다 보험 가입 금액, 1회 파손 시 최대 보장금액, 자기부담금 이 다르니 이를 잘 확인하고 신청해야 합니다.

단말 유형	안드로이드 스마트폰									갤럭시폴드	
보상기준	분실+파손						파손			분실+파손	파손
상품명	폰 분실/파손 200	폰 분실/파손 150	폰 분실/파손 120	폰 분실/파손 100	폰 분실/파손 85	폰 분실/파손 40	폰 파손 70	폰 파손 40	워치/패드	폴드 분실/파손	폴드 파손
월이용료	6,600원	5,400원	4,600원	3,400원	2,400원	1,900원	2,000원	1,600원	1,500원	8,900원	2,900원
폰 출고가	150~200만원	120~150만원	100~120만원	85~100만원	40~85만원	0~40만원	120~150만원	~120만원	무관	갤럭시 폴드	갤럭시 폴드
최대 보험 가입금액	가입시점의 단말기 출고가						70만원	40만원	50만원	가입시점의 단말기 출고가	80만원
자기부담금 (건당)	손해액의 23% (최소3만원)				손해액의 20% (최소3만원)		손해액의 23% (최소3만원)	손해액의 20% (최소3만원)		손해액의 23% (최소3만원)	
가입기간	36개월										

보상 시 고객부담금이 발생하며 보상한도를 초과하면 추가 고객부담금이 발생합니다.

착신전환(플러스), 메시지 매니저 서비스에 가입한 고객은 휴대폰 분실 및 파손 보상 서비스는 가입하지 못하기 때문에, 해당 서비스를 해지해야 보험에 가입할 수 있습니다.

서비스 해지는 고객센터 상담사를 통해 할 수 있습니다. 다른 휴대폰으로 바꿀 때(중고폰 및 임대폰으로 기기 변경 시 가입 유지됨), 서비스 가입 후 만기가 될 때, 분실 및 도난으로 보상받는 경우 서비스가 자동으로 해지됩니다. 분실 및 도난의 경우 보상을 받으면 다시 서비스를 가입해야 하며, 분실 및 도난으로 인한 보상 횟수가 총 2회를 넘으면 마지막 보상일로부터 1년 간 다시 가입하지 못합니다.

❷ KT 슈퍼안심 서비스

KT 슈퍼안심 서비스란?
—
본 서비스에 가입된 핸드폰, 패드, 웨어러블
단말의 전손/파손 사고 시
기기변경 비용 및 파손수리비의 일정부분에
대한 보상과 기타서비스를 제공하는
고객 케어 프로그램 입니다.

보험 가입은 신규 및 기기 변경 이후 30일 이내에 대리점 및 직영점에서 가능하며, 보험료는 제조사 출고가에 따라 책정됩니다. 보험마다 보험 가입금액, 1회 파손 시 최대 보장금액, 자기부담금이 다르니 이를 잘 확인하고 신청해야 합니다. 보험 가입은 대리점 및 직영점, KT 고객센터에서 할 수 있습니다.

단말기 종류 / 가입상품 명칭	안드로이드폰 폴드/플립 제외				안드로이드폰 폴드/플립 포함				아이폰				아이폰		
	WIP	고급	일반	파손	갤럭시 케어 폴드	갤럭시 케어 200	갤럭시 케어 150	갤럭시 케어 80	i-WIP	i-고급	i-일반	i-파손	아이폰 케어 200	아이폰 케어 150	아이폰 케어 100
이용요금 (월) (A+B)	7,800원	5,800원	4,400원	4,200원	13,500원	12,900원	8,900원	5,900원	8,300원	5,800원	4,400원	4,200원	13,700원	10,200원	8,200원
보험료 (A) (VAT없음)	6,040원	4,040원	2,640원	2,440원	11,740원	11,140원	7,140원	4,140원	6,540원	4,040원	2,640원	2,440원	11,940원	8,440원	6,440원
플러스서비스요금 (B) (VAT포함)	1,760원	1,760원	1,760원	1,760원	1,760원	1,760원	1,760원	1,760원	1,760원	1,760원	1,760원	1,760원	1,760원	1,760원	1,760원
가입가능 출고가	100만원 이상	60만원 이상	제한없음		200만원 이상 또는 폴드	150만원 이상	80만원 이상 또는 플립	80만원 미만	100만원 이상	85만원 이상	제한없음		150만원 이상	100만원 이상	100만원 미만
보상범위	전손, 파손			파손	전손, 파손				전손, 파손			파손	전손, 파손		
최대가입금액 (보험가입금액)	150만원	100만원	60만원	70만원	230만원	200만원	150만원	80만원	200만원	100만원	60만원	70만원	200만원	150만원	100만원
리퍼보상 시 최대가입금액									70만원	35만원	35만원	65만원	-		
자기부담금 전손	최대가입금액 또는 손해액 중 작은 금액의 25% (최소 3만원)				55만원	35만원	25만원	10만원	최대가입금액 또는 손해액 중 작은 금액의 30% (최소 3만원)				34만원	26만원	18만원
자기부담금 리퍼					-	-	-	-					12만원		
자기부담금 파손					16만원	14만원	7만원	3.5만원					4만원		

(표 왼쪽 구분: 전손(분실,도난)/파손(화재, 침수, 완파), 자기부담금)

보상 시 고객부담금이 발생하며, 보상한도를 초과하면 추가 고객부담금을 지불해야 합니다. 보험 가입 기간은 최대 36개월입니다.

서비스해지는 고객센터 상담사, 직영점 및 대리점에서 할 수 있습니다. 서비스 가입 후 36개월 만기 후, 전손 보상 및 분손 보상을 통해 보상한도 소진 시, 전손 보상으로 인한 보상기변 시, 명의변경 시, KT 통신 서비스 중도 해지 시 휴대폰 보험은 자동 해지됩니다.

3 SKT

T All케어플러스 상품 소개
필요한 서비스만 모은 국내 최강의 스마트폰 케어 서비스

24시간 케어 서비스
- 스마트폰 사용 상담, 보험 청구 상담 지원
- 연중무휴 24시간 상담 가능

액정 파손 수리 대행
- 액정 파손 사고 발생시 T All케어 코디가 원하는 장소로 픽업 후 수리 대행
- 복잡한 청구 절차 One Stop 서비스로 간단하게 이동

분실 시 보상폰 당일 배송
- 오후 3시 이전 보상 승인 완료 시 당일 배송
- 분실 폰 수령 후 스마트폰 초기 셋업 지원

배터리 교체
- 단말 개통 이후 366일째부터 가능한 배터리 교체 지원 서비스
- 자기부담금 2만원으로 사용기간 동안 언제든 새 폰처럼

프리미엄 임대 서비스
- 스마트폰 분실 시 프리미엄 스마트폰을 최대 42일 사용 가능 (매년 사용 가능)

구분	기종	상품	이용료	자기부담금 분실	자기부담금 파손	자기부담금 완전파손	가입 가능 단말 출고가	보상 횟수
분실파손	안드로이드	T All케어플러스2 폴드 (온라인) >	12,900원	60만원	16만원	분실보상으로 처리	갤럭시Z폴드	분실 1회 파손 3회
		T All케어플러스2 플립 (온라인) >	10,900원	35만원	13만원		갤럭시Z플립	
		T All케어플러스2 고급 (온라인) >	8,000원	35만원	10만원		100만원초과(폴드/플립제외)	
		T All케어플러스2 일반 (온라인) >	6,000원	15만원	6만원		100만원이하(폴드/플립제외)	
	iOS	T All케어플러스2 고급 (온라인) >	9,300원	40만원	액정 9만원 리퍼 25만원	분실보상으로 처리	130만원 초과	분실 1회 파손 3회
		T All케어플러스2 i일반 (온라인) >	7,300원	25만원			130만원 이하	
파손	안드로이드	T All케어플러스2 파손 (온라인) >	5,200원	-	8만원	15만원	전 휴대폰(폴드/플립제외)	파손 3회 완전파손 1회
	안드로이드	T All케어플러스2 파손F (온라인) >	8,200원	-	15만원	35만원	갤럭시 Z폴드/Z플립(신, 구단말 모두 가입가능)	
	iOS	T All케어플러스2 파손 (온라인) >	5,800원	-	액정 9만원 리퍼 25만원	15만원	전 휴대폰	

SKT는 두 가지 보험 상품이 있습니다.

첫째, T All 케어플러스로 프리미엄형 보험입니다. 24시간 상담과 보험 청구가 가능하며, 액정 파손 사고 발생 시 고객이 원하는 장소에서 휴대폰을 픽업한 후 수리 대행, 원스탑 청구 절차, 분실 시 보상 폰 당일 배송, 단말기 개통 이후 366일째부터 가능한 배터리 교체 지원 서비스 등 다양한 서비스를 제공합니다.

개통 후 60일 이내에 상품에 가입할 수 있으며, 보상 횟수는 분실 1회/ 파손은 3회로 제한되며 배터리는 가입 기간 내 1회 교체 가능합니다.

둘째, 스마트폰 일반 보험입니다. 보험료는 제조사 출고가에 따라 책정되며 보험 가입금액, 1회 파손 시 최대 보장금액, 자기부담금이 다르니 잘 확인하고 신청해야 합니다. 보상 시 고객부담금이 발생하며 보상한도를 초과하면 추가 고객부담금이 발생합니다. 개통 후 60일 이내에 신청할 수 있습니다.

서비스 해지는 고객센터 상담사, 직영점 및 대리점에서 할 수 있습니다. 번호해지, 번호이동, 기기 변경, 명의변경을 한 경우, 파손 보상 횟수를 모두 소진할 경우 보험이 자동 해지됩니다.

2 스마트폰 제조사 보험

통신사 보험과 제조사 보험은 혜택과 비용 면에선 크게 차이가 나지 않습니다. 다만, 제조사 보험이 보험청구과정이 좀 더 편리합니다.

1 삼성케어플러스

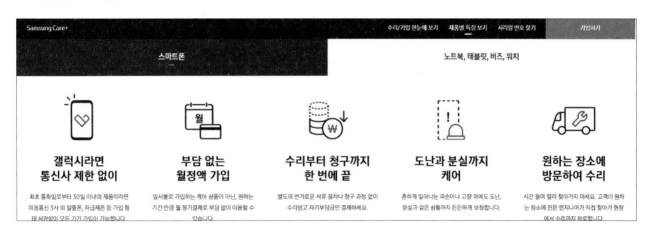

삼성 스마트폰은 제품 구매일 기준 30일 이내에 보험에 가입할 수 있습니다. 보험료는 기기 기종마다 다르며 파손 3회, 도난/분실 1회, 배터리 1회 보장합니다(기본 보증 이후 배터리 효율 80% 이내).

Samsung Members 앱을 통해서 보험에 가입할 수 있으며, 최초 통화일 기준 3일 이내에는 실물 확인 절차 없이 비대면 가입이 가능합니다. 이후 가입을 하려면 삼성 디지털프라자에 방문하여 실물 확인 절차 필요합니다. 삼성케어플러스를 이용하면 수리 시 현장에서 바로 보험이 적용된다는 점이 편리합니다(통신사 보험은 보험 청구를 따로 해야 합니다).

최대 보장금액, 자기부담금이 다르니 미리 확인해야 합니다. 삼성케어플러스는 수리부터 청구까지 한 번에 해결할 수 있고, 원하는 장소에 전문 엔지니어가 방문하여 수리까지 완료합니다. 제품의 파손, 분실 등을 이유로 제품을 다른 단말기로 수리하는 경우, 보험 서비스 계약은 해지됩니다.

제품군		스마트폰			
대상단말군		갤럭시 S시리즈 갤럭시 노트 시리즈	갤럭시 폴드 시리즈	갤럭시 플립 시리즈	갤럭시 A 시리즈
월 이용금액		7,400	13,500	9,900	4,900
보장기간		최대 36개월까지 유지 가능			
파손	횟수	3회			
	자기부담금	80,000	160,000	140,000	35,000
도난/분실	횟수	1회			
	자기부담금	350,000	550,000	400,000	150,000
보증연장		기본 2년 + 1년 연장 = 최대 3년까지			
배터리	횟수	1회			
	자기부담금	20,000			
방문수리	횟수	3회			
	출장비	18,000 (본인 과실 여부에 따라 출장비가 발생)			

2 애플케어플러스

개통 후 60일 이내에 보험 가입이 가능하며, 보험료는 아이폰 일반형(19만 9,000원), 고급형(26만 9,000원)으로 가입할 때 일시 납부해야 합니다. 보험 가입은 애플스토어나 고객센터에서 할 수 있습니다.

아이폰은 구매일 이후 1년간 하드웨어 제한 보증을 하는데(제품의 자체 결함만 해당) 애플케어플러스 가입 이후 2년 동안 보장되며 12개월간 최대 2건의(2년간 총 4회) 우발적인 손상을 보상합니다.

iPhone을 위한 AppleCare+ 구입으로 2년간 더욱 든든하게.

iPhone을 위한 AppleCare+는 최대 2년간 우선적인 Apple 기술 지원과 Apple의 추가적인 하드웨어 보증을 제공합니다.[1] 여기에는 12개월당 최대 2건의 우발적인 손상에 대한 보장이 포함됩니다. 우발적인 손상의 경우, 화면 손상은 건당 40,000원, 기타 손상은 건당 120,000원의 본인 부담금이 부과됩니다.[2] 보증은 AppleCare+ 구입일부터 시작됩니다.

한국에서는 스마트폰 보증 기간을 연장하는 '소비자분쟁해결기준'에 따라, 휴대폰 품질 문제와 관련한 서비스 보증이 최초 소매 구입일로부터 2년간 보장됩니다. 자세한 내용을 확인하려면 여기를 클릭하세요.

우선적으로 기술 지원 제공

12개월당 최대 2건의 우발적인 손상에 대한 보장 제공[2]

배터리 서비스 보증[1]

화면 손상은 건당 4만 원/ 기타 손상은 건당 12만 원의 고객부담금이 발생합니다. 배터리가 원래 용량 대비 80% 미만 수용일 땐 배터리 보증 서비스를 제공합니다. 아쉬운 점은 애플케어플러스는 분실 보상을 보장하지 않는다는 점입니다(통신 3사는 아이폰 분실 보상을 보장합니다).

이상으로 스마트폰의 보험 상품을 정리해 보았습니다. 나의 소중한 스마트폰을 잃어버리거나 크게 파손되는 상황에 대비해 소액의 보험료를 내고 크게 보상받는 스마트폰 보험은 필수적이라고 생각하고 추천합니다.

※ 참고
 1. 스마트폰 보험, 얼마나 알고 있나요? (2021. 5. 23 / it.donga.com)
 2. 각 통신사(SKT, KT, LG유플러스) 홈페이지

스마트폰 제대로 배우고 익히면 인생이 즐거워집니다!

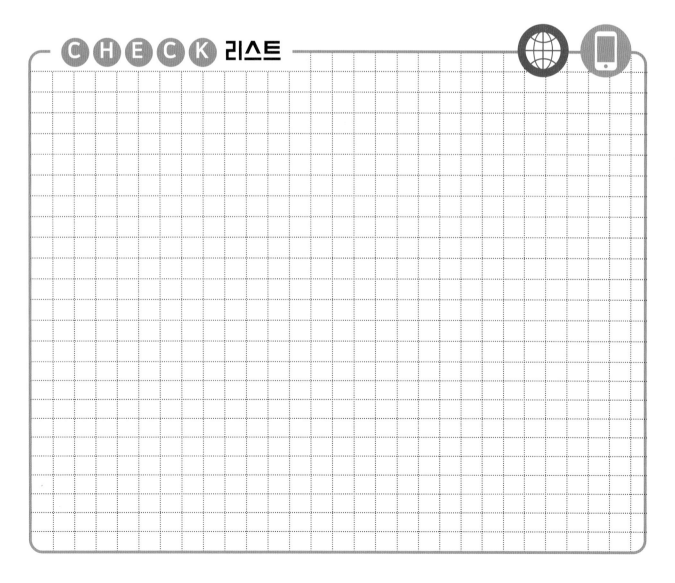

알뜰폰을 사용했을 때 장단점

2010년 9월 제도가 도입된 이후, 알뜰폰 가입자는 매년 꾸준하게 증가해 지난 2021년 11월 1천만 명을 넘었습니다. 상대적으로 저렴한 요금에 매력을 느낀 기존 이동통신 3사(SK텔레콤, KT, LG유플러스) 이용자들이 알뜰폰으로 이동하고 있기 때문일 것입니다.

한국통신사업자연합회(KTOA)가 발표한 통신서비스 통계에 따르면 지난해 번호이동 건수는 총 508만 건입니다. 2020년 542만 건 대비 6.7% 감소한 수치이고, 10년 전인 2011년 1196만 건 대비로는 반토막 아래로 급락했습니다.

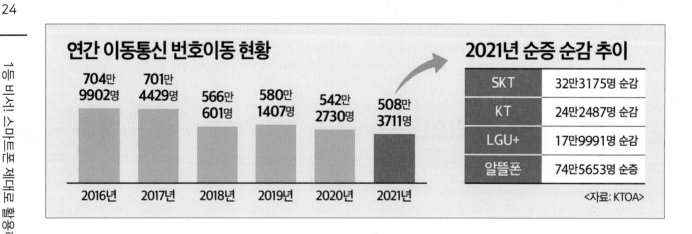

번호이동 시장 축소는 시장의 대부분의 점유율을 차지하고 있는 SK텔레콤·KT·LG유플러스 등 이동통신 3사가 번호이동 시장에서 가입자를 빼앗긴 영향이 큽니다. 가장 많은 가입자를 뺏긴 곳은 SK 텔레콤입니다. SK텔레콤은 1월부터 12월까지 32만 여명이 순감했고, KT는 24만 여명, LG유플러스는 17만 여명이 줄었습니다.

대신 알뜰폰은 이동통신 3사의 번호이동 건수를 흡수했습니다. 알뜰폰은 지난해 누적 193만 여건의 번호이동을 기록했습니다. 지난해 전체 번호이동 건수의 38%에 해당하는 수치입니다. 전체 번호이동 시장은 침체됐지만, 알뜰폰 위주로 시장이 활기를 띄어서 연간 순증 수치는 74만 여건을 기록했습니다. 이동통신 3사가 각각 월평균 1만 5000~2만 7000 건 수준의 순감을 기록할 동안 나홀로 가입자를 확보해서 월평균 6만 2137 건의 순증을 기록한 셈입니다.

기존 이동통신 3사의 가입자들을 알뜰폰으로 이동하게 만든 요인은 무엇일까요? 알뜰폰 서비스에 대해 궁금증이 많은 소비자들을 위해 이동통신 3사의 서비스와 비교해 알뜰폰의 장단점을 정리해 보았습니다.

알뜰폰의 장점은 ① 이동통신 3사 대비 30% 이상 저렴한 요금, ② 이동통신 3사와 동일한 통화품질 및 데이터 속도 제공, ③ 약정이 없어서 통신사 변경이 자유로움, ④ 자급제폰이나 사용했던 단말기 그대로 유심만 변경해서 사용 가능 등입니다.

이에 반해 ① 멤버십 서비스 혜택이 없음, ② 가족 결합 할인이 없음, ③ 방문 가능한 오프라인 매장이 거의 없음, ④ 고객센터 연결이 어려움 등의 단점이 있습니다.

이제 좀 더 자세히 알뜰폰 요금제에 대해 안내 드리겠습니다. 나에게 꼭 맞는 요금제를 찾기 위해 한 달에 사용하는 데이터를 참고하면 도움이 됩니다. 애플 아이폰은 '설정 > 셀룰러 > 사용 내용' 메뉴에서 조회할 수 있고, 삼성 갤럭시 폰은 '설정 > 연결 > 데이터 사용 > 모바일데이터 사용량' 메뉴에서 조회 가능합니다.

일반적인 스마트폰 사용 패턴을 고려해서 ① 음성 통화가 많은 소비자, ② 출퇴근길 동영상 이용이 많은 소비자, ③ 통화·문자·데이터 모두 무제한 이용을 원하는 소비자, ④ 5G 데이터 무제한 이용을 원하는 소비자 등 4가지 유형으로 분류하고, 다른 중고업체에 비해 소비자 만족도가 좋은 빅4 알뜰폰 통신사(SK 7모바일, KT M모바일, 알뜰모바일, 헬로모바일) 상품을 중심으로 안내 드립니다.

유형 1. 음성 통화가 많은 소비자 (전화만 무제한)

- 데이터는 많이 필요 없지만, 음성 통화를 많이 하는 소비자에게 적당한 요금제

통신사	요금제	데이터	전화/문자	금액
SK 7모바일	LTE 유심 2GB/2000분	2GB	2,000(분/건)	8,800원
KT M 모바일	통화 맘껏 300MB	300MB	무제한(영상 30분)	7,250원
KT M 모바일	통화 맘껏 1.5GB	1.5GB	무제한(영상 30분)	8,900원
KT M 모바일	통화 맘껏 2.5GB	2.5GB	무제한(영상 30분)	11,600원
알뜰모바일(LGU+)	유심통화마음껏 데이터1.5GB	1.5GB	무제한(영상 50분)	8,900원
헬로모바일(LGU+)	The착한데이터 유심1.3GB	1.3GB	무제한(영상 50분)	8,500원
스마텔(LGU+)	USIM 통화많이1.5GB	1.5GB	무제한(영상 110분)	8,800원
A모바일(LGU+)	A 갓성비 1.5GB/120분	1.5GB	음성120분(문자100)	1,100원

유형 2. 출퇴근길 동영상 이용이 많은 소비자 (데이터만 무제한)

- 기본 데이터 제공량 15기가, 모두 사용하면 3Mbps 속도로 무제한 사용 가능한 요금제

통신사	통신망	요금제	금액
SK 7모바일	SK	LTE 유심 15GB+/100분	25,300
KT M모바일	KT	데이터 맘껏 15GB+/100분	25,300
알뜰 모바일	LGU+	유심 최강 가성비 15GB+/100분	25,300
헬로 모바일	LGU+	보편 안심 유심 15GB 100분	25,300
A 모바일	LGU+	A 데이터 무제한	18,700
이야기 모바일	LGU+	이야기U 데이터 15G+	15,400
아이즈 모바일	LGU+	아이즈 15GB+	11,550
FREE T	LGU+	데이터안심 15G+	17,600
스마텔	LGU+	퍼펙트 15G+	12,100

유형 3. 통화·문자·데이터 모두 무제한 이용을 원하는 소비자 (데이터 & 전화 무제한)

- 기본 데이터 제공량 11기가이고, 모두 사용하면 매일 2기가를 더 사용 가능, 이것도 모두 사용하면 3Mbps 속도로 무제한 사용 가능

통신사	통신망	요금제	금액
SK 7모바일	SK	LTE 유심 (11GB+/통화맘껏)	33,000
KT M모바일	KT	모두 다 맘껏 11GB+	32,980
알뜰 모바일	LGU+	유심 데이터·통화 마음껏	32,950
헬로 모바일	LGU+	The 착한 데이터 유심 11GB	33,000
A 모바일	LGU+	요금폭탄방지 매일 2GB	22,000
이야기 모바일	LGU+	이야기 데이터 11GB	23,100
아이즈 모바일	LGU+	아이즈 11GB+	18,700
FREE T	LGU+	USIM프리티데이터중심 11G+	20,790
스마텔	LGU+	USIM 다이아몬드(6월 이벤트)	20,100

유형 4. 5G 데이터 이용을 무제한으로 원하는 소비자 (5G 무제한 요금제)

- 기본 데이터 소진 이후 5Mbps 속도 이상으로 무제한 이용 가능한 요금제

통신사	통신망	요금제	데이터	금액
SK 7모바일	SK	5G 유심 200GB+	200GB + 5Mbps	62,150
KT M모바일	KT	5G Special M	200GB + 10Mbps	61,600
알뜰 모바일	LGU+	보편 안심 유심 15GB 100분	180GB + 10Mbps	60,800
헬로 모바일	LGU+	5G 스페셜 유심 180GB	180GB + 10Mbps	60,500
A 모바일	LGU+	A 5G 스페셜	180GB + 10Mbps	62,700
이야기 모바일	KT	이야기K 5G 스페셜	200GB + 10Mbps	61,500
아이즈 모바일	LGU+	5G 울트라 프리미엄 180GB+	180GB + 10Mbps	60,000
FREE T	LGU+	5G 더 빠른180G+	180GB + 10Mbps	56,100
스마텔	LGU+	5G 스마트 150GB	150GB + 5Mbps	33,600

다음은 알뜰폰 요금제에 가입하면서 많은 분들이 구입하시는 자급제폰에 대해 안내 드립니다.

자급제폰이란 이동통신사 대리점이 아닌 온라인 및 가전제품 매장, 대형마트 등에서 공기계로 단말기만 따로 구매한 후 유심을 넣어 개통할 수 있는 휴대폰을 의미합니다.

자급제폰은 ① 통신사의 로고 및 기본 어플이 설치되어 있지 않고 ② 알뜰폰 통신사를 이용해 저렴한 요금제를 이용할 수 있으며 ③ 통신사의 선택약정을 통해 25% 요금할인을 받을 수 있는 장점이 있습니다(선택약정 제도를 통해 요금할인을 받으면 위약금이 발생할 수 있습니다).

반면, ① 단말기 구입비용을 한 번에 지불해야 하기 때문에 초기 구매비용 부담이 발생하고 ② 통신사의 공시지원금 또는 기타 보조금 지원을 받을 수 없다는 단점이 있습니다(단말기 구입비용을 일시불로 구입하면 통신사의 5.9% 할부이자 부담이 없어서 현명한 구입 방법이라고 할 수 있습니다).

추가로 알뜰폰 요금 할인을 받을 수 있는 제휴카드도 안내 드립니다. 제휴카드를 잘 이용하면 빅4 알뜰폰 통신사를 이용하면서도 요금 부담은 중소업체 특별요금 수준으로 낮출 수 있습니다.

카드사	통신사	전월실적	할인	연회비
현대	SK 7, KT M, 알뜰	30만원 이상 (통신요금 전월실적 제외)	24개월까지 1.3만원 (25개월부터 0.6만원)	3.0만원
국민	SK 7, KT M, 알뜰	30만원 이상 (통신요금 전월실적 제외)	1.2만원	1.5만원
현대	헬로	30만원 이상 (상품권 전월실적 포함)	36개월까지 1.7만원 (37개월부터 0.7만원)	1.5만원
롯데	헬로	30만원 이상 (통신요금 전월실적 제외)	1.1만원	1.0만원
우리	SK 7	30만원 이상 (상품권 전월실적 포함)	1.0만원	1.0만원
국민	알뜰폰 허브	50만원 이상 (상품권 전월실적 포함)	1.0만원	2.0만원

알뜰폰 요금이 저렴한 이유는 이동통신 3사의 통신망을 대량으로 임대해서 제공하기 때문입니다. 따라서 통신망 유지비용이 들지 않고, 대리점과 상담사 등 고정기반 시스템에 투입되는 비용을 줄여서 통신비 할인에 적용한 것입니다. 소비자 입장에서는 통신비 부담을 줄인 만큼, 오프라인 인프라를 이용하지 못하는 불편도 감수해야 합니다.

결국 나의 스마트폰 사용 패턴과 가족들의 결합할인 제도 등을 참고해서 즐거운 스마트폰 생활을 누리시기 바랍니다.

※ 참고

1. 알뜰폰 요금제 비교 및 가성비 추천합니다 (2021. 7. 1 / eggrank.com)

2. 알뜰폰허브 사이트

3. 한국통신사업자연합회(KTOA) 홈페이지

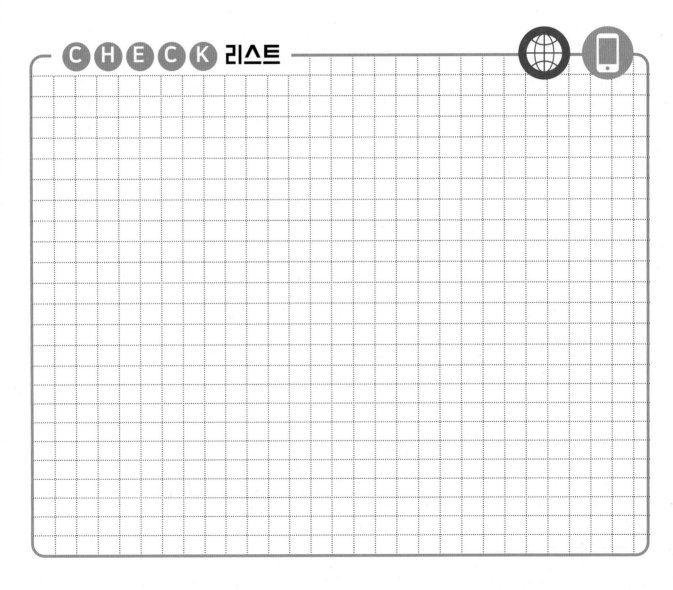

4강 스마트초이스 소개

 스마트초이스

'스마트초이스'는 통신 요금 관련 정보 포털 사이트로 케이티, SK텔레콤, LG유플러스, SK브로드밴드와 (사)한국통신사업자연합회가 공동으로 정보를 제공합니다. 주요 서비스로는 단말기 지원금 조회, 이동전화 요금제 추천, 통신 미환급액 조회, 도난신고와 분실신고 조회, 중고폰 시세 조회 서비스가 있습니다.

< 이용패턴 기반 요금제 추천 >

< 단말기 개통이력 조회 >

2021년 5월 이후 과학기술정보통신부가 이동통신 3사(SK텔레콤, KT, LG유플러스) 및 KTOA와 함께 휴대폰 선택약정 25% 할인에 대한 홍보를 강화하고 있습니다. 선택약정 할인은 단말기 구입 시 지원금을 받지 않는 가입자가 매달 요금의 25%를 할인 받을 수 있는 제도입니다. 이 제도는 지원금에 상응하는 요금할인 '이동통신 단말장치 유통구조 개선법'에 의해 지난 2014년 10월 도입되어 2017년 9월에 25%로 상향되었고, 총 2765만 명이 이용하며 가계 통신비 경감에 기여 중입니다.

그러나 중고폰·자급제폰 이용자나 약정이 만료된 이용자도 구입이 가능한 점이나, 가입 시 2년 외에 1년의 약정 기간을 선택할 수도 있다는 사실 등은 아직 모르는 이용자가 많아 지속적으로 홍보를 하고 있습니다. 현재 25% 요금할인을 받을 수 있으나 가입하지 않은 이용자는 약 1200만 명에 이른다고 합니다.

현재 이용하고 있는 단말기로 25% 요금할인에 가입할 수 있는지는 누구나 스마트폰이나 PC로 스마트초이스 사이트에 접속해 손쉽게 자가 조회가 가능합니다. 본인의 단말기 키패드 화면에서 *#06# 입력 통해서 식별정보(IMEI 번호) 확인한 뒤, 스마트초이스 홈페이지에 입력해서 요금할인 이용 가능 여부를 확인할 수 있습니다.

< 미환급액 조회 >

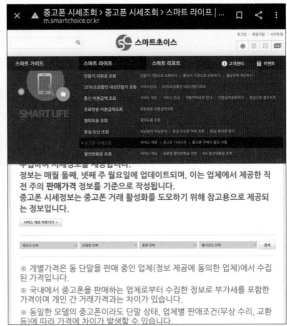

< 중고폰 시세조회 >

스마트초이스에서는 통신 관련 미환급액도 신청할 수 있습니다. '통신 미환급액'이란 유무선 서비스 가입자가 해지나 번호이동 해지 후 해지 시점까지의 정산되어 있던 이용요금이 정산 이후 요금할인 등에 따라 과납되거나 보증금과 같이 선납된 금액을 말합니다.

2018년부터는 중고폰 시세를 알아볼 수 있는 서비스도 제공하고 있습니다. 매월 2회(둘째·넷째 월요일) 직전 주간 10개 업체별 판매가격을 반영해 업데이트 되고 있는데, 사이트에 올라온 가격들이 실제 거래가격보다 높게 나타나는 경우가 많아서 오히려 소비자에게 혼란을 줄 수 있다는 우려가 있기도 합니다.

< 단말기 지원금 조회 >

< 통신서비스 리포트 >

또한, 이동통신 단말장치 유통구조 개선에 관한 법률(이하 단말기유통법) 시행에 따른 모델별 공시 지원금 정보도 확인할 수 있고, 통신서비스 리포트 메뉴를 통해 통신 서비스 별 가입자 현황 등의 데이터도 확인 가능합니다.

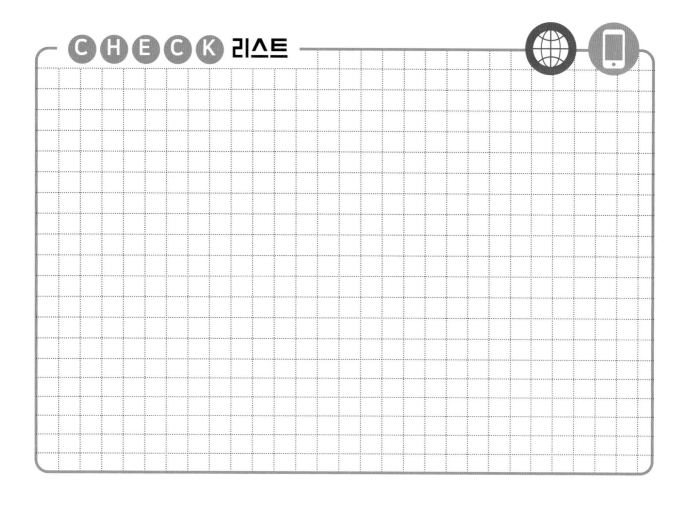

스마트폰 제대로 배우고 익히면 인생이 즐거워집니다!

알뜰폰 Hub
허브

과학기술정보통신부가 지난 2021년 11월 21일, 국내 알뜰폰(MVNO) 가입자가 1007만 명을 기록했다고 발표했습니다. 11월 말 기준 전체 이동전화서비스 가입자 7256만 명의 14% 비중을 차지하고 있습니다. SKT·KT·LGU+ 3개 통신사의 요금경쟁을 촉진해 '가계 통신비' 부담을 줄이자는 취지에서 2010년 9월 제도를 도입한 이후, 2015년에 가입자 5백만 명을 넘어섰고, 도입 11년 만에 1천만 명을 달성한 것입니다.

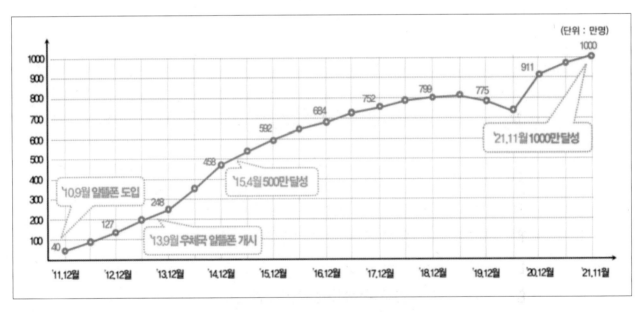

< 국내 알뜰폰 가입자 추이 (자료=과학기술정보통신부) >

하지만, 1천만이라는 숫자를 뜯어보면 휴대폰 가입자(선·후불 합산) 수는 598만 명에 불과하고 나머지 409만 명, 즉 절반에 가까운 41%는 사물인터넷(IoT)용 가입자입니다. 오히려, 2015년 537만 명이었던 휴대폰 알뜰폰 가입자 수는 지난 2018년 714만 명까지 늘었으나 이후 2019년 687만 명, 2020년 611만 명, 2021년 11월 첫 주 기준 598만 명으로 줄어든 상황입니다.

구분		'15년	'16년	'17년	'18년	'19년	'20년	'21.11월*
가입자(12월 기준) (전년대비)		592만명 (+134)	685만명 (+93)	752만명 (+67)	799만명 (+47)	775만명 (-24)	911만명 (+136)	1,007만명
휴대폰	선불	253만명 (+61)	277만명 (+24)	318만명 (+41)	360만명 (+42)	357만명 (-3)	266만명 (-91)	163만명
	후불	284만명 (+66)	345만명 (+61)	360만명 (+15)	354만명 (-6)	330만명 (-24)	345만명 (+15)	435만명
M2M		58만명 (+9)	63만명 (+5)	75만명 (+12)	85만명 (+10)	87만명 (+2)	301만명 (+214)	409만명
매출액 (전년대비)		6,731억원 (+2,176)	8,381억원 (+1,650)	9,217억원 (+836)	9,720억원 (+503)	9,287억원 (-433)	9,352억원 (+65)	-

< 알뜰폰 시장 규모 추이 (자료=디지털데일리 '천만' 숫자에 가려진 알뜰폰의 현재) >

흥미로운 점은 선불 이용자 비중이 높았던 휴대폰 알뜰폰 가입자 시장에 2019년을 기점으로 변화가 생긴 것입니다. 그동안 알뜰폰은 2013년 9월부터 시행했던 '우체국 수탁판매' 제도를 통해 4050 중장년층의 가입자 비중이 높아지면서 '효도폰'의 이미지가 강했습니다. 차별화된 서비스 없이 저렴한 요금제만 강조하면서 통신 3사 중심의 견고한 시장 구조를 이겨내지 못하고 2016년 이후 가입자 증가세에 제동이 걸렸습니다.

그렇게 잊혀져 가던 알뜰폰이 다시 주목받은 것은 아이러니하게도 2019년 출시된 5G 서비스의 고가 요금제 덕분입니다. 일반적으로 5~6만 원대 수준에서 LTE 데이터 무제한 서비스를 이용했던 가입자들에게 8만 원 이상의 5G 데이터 무제한 요금제는 확실히 부담스러울 수 밖에 없었고, 합리적인 소비를 중시하는 소위 MZ세대들이 '꿀조합'으로 자급제+알뜰폰에 관심을 가지면서 '옛날 사람'만 사용하던 알뜰폰이 이제는 합리적인 소비의 대명사로 자리 잡게 된 것입니다.

이런 기회를 틈타 알뜰폰 사업자들은 결합할인과 제휴카드 할인 등 공격적인 마케팅을 쏟아내기 시작했고, 온라인 쇼핑몰에서 유심칩을 구입한 뒤 이용자가 굳이 대리점 방문 없이도 셀프 개통할 수 있다는 장점까지 더해지면서 현재까지 알뜰폰은 후불 이용자 중심으로 꾸준히 늘고 있는 추세입니다.

■ MZ세대는 왜 알뜰폰 선택했나

1	저렴한 중고폰+저렴한 요금제
2	유심만 바꾸면 어떤 폰도 이용 가능
3	이통3사 5G 서비스에 반감

■ 알뜰폰 업계 매출 추이 (단위 : 억원)

[자료 | 과학기술정보통신부]

2015	2016	2017	2018	2019
6371	8381	9217	9720	9287

이러한 시점에 2015년부터 미래창조과학부와 한국정보통신산업진흥협회(이하 KAIT)에서 2015년부터 서비스하고 있는 '알뜰폰 허브'를 소개합니다. 알뜰폰 허브에서는 SK텔링크, KT M모바일, 미디어로그 등 15개 사업자가 강점으로 내세우는 3백여 개 상품을 중심으로 각 입점사의 주요 단말기 추천도 해주고 있습니다.

원하는 사업자 휴대폰의 가입 유형을 선택하면 해당 사업자의 요금제가 자동으로 보이고, 그에 따른 단말기 지원금과 매월 납부해야 하는 단말 요금, 통신 요금, 그리고 총액까지 자동으로 계산해서 보여줍니다. 또 같은 화면에서 요금제를 변경해서 요금제별 납부 금액을 비교해 볼 수도 있어서 알뜰폰 구입을 희망하는 소비자들이 각 사업자의 홈페이지나 어디에 있는지 모르는 오프라인 판매처를 찾아다닐 필요가 없게 되었습니다.

또한, 과기정통부는 2021년 11월 '알뜰폰 1000만 가입자 달성 기념 행사'에서 다양한 알뜰폰 활성화 방안을 제시했습니다. 주요 내용을 보면 알뜰폰 업체들이 SK텔레콤 등 이동통신 3사의 망을 쓰기 위해 지불하는 '종량제 도매 대가'를 데이터 1MB당 2.28원에서 1.61원으로, 음성은 1분당 10.61원

에서 8.03원으로 각각 낮출 계획이어서 향후 추가적인 요금 인하도 기대할 수 있게 되었습니다.

또한, 알뜰폰 허브를 통해 2017년 이후 출시된 휴대전화에 대해 매달 보험료 4,750원만 내면 액정 등 기기 완전 파손·침수 등에 대해 최대 80만 원 보상을 받을 수 있는 보험상품을 운영합니다. 그동안 보험 혜택을 볼 수 없었던 자급제폰을 보다 안심하고 사용할 수 있습니다.

이러한 장점에 비해 알뜰폰 허브는 몇 가지 단점이 있습니다. 쿠팡이나 카카오 등 자급제폰을 바로 구입할 수 있는 이커머스 채널에 비해, 알뜰폰 허브를 통해 단말기를 구입하기 위해서는 삼성전자나 LG전자, 애플, 중고단말기 판매회사 등의 개별 사이트로 이동해 다시 구입하는 번거로운 과정이 필요합니다.

또한, 각종 사은품 혜택이나 할인 이벤트 내용을 수시로 수정하는 알뜰폰 통신사 홈페이지에 비해 알뜰폰 허브 사이트는 월 1회 업데이트를 하고 있어서 가입 시점의 정확한 정보를 확인하기 어려워 갈수록 신뢰도가 떨어진다는 평가를 받고 있기도 합니다.

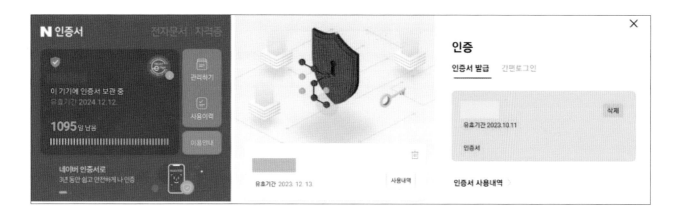

이와 별개로 2021년 12월부터 알뜰폰 비대면 가입 시 민간 간편인증(네이버, 페이코, 카카오페이) 사용이 전면 확대되어, 알뜰폰 가입 절차가 더욱 간소화 되었습니다. 알뜰폰은 지금까지 온라인 본인확인 수단으로 공동인증서(구 공인인증서)와 신용카드만 사용할 수 있었는데, 앞으로 알뜰폰 가입 문턱이 낮아지는 실질적인 효과가 예상됩니다.

마지막으로, 국내 알뜰폰 요금제 비교 사이트로는 '알뜰폰 허브' 외에도 2021년 8월 서비스를 오픈한 '모요'가 대표적입니다. 모요는 알뜰폰 허브를 개선한 민간 플랫폼으로 유심 무료, 데이터쉐어링 등보다 세분화된 요금제 검색 서비스를 제공합니다.

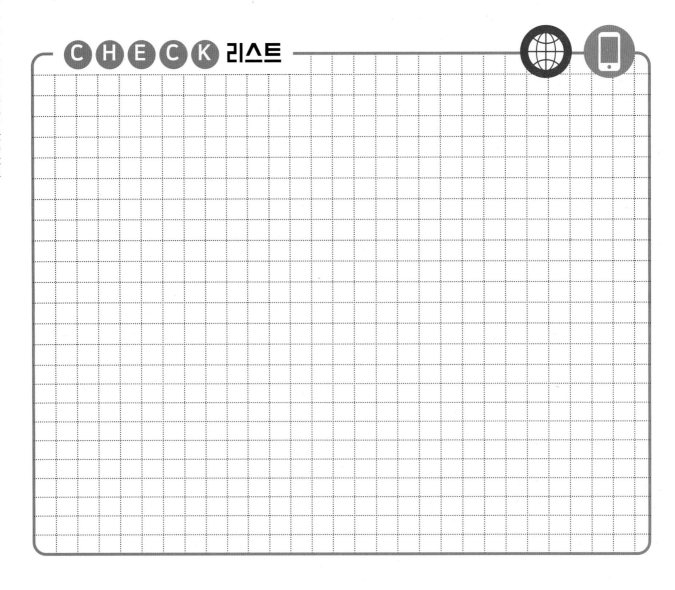

<모요>

CHECK 리스트

6강 번역 앱 활용하기 - 구글번역

QR코드를 스캔하시면
강의를 볼 수 있습니다.

▶ 텍스트 번역 : 입력을 하여 108개 언어로 번역할 수 있습니다.

▶ 탭하여 번역 : 어떤 앱에서나 텍스트를 복사하고 구글 번역 아이콘을 탭하여 번역할 수 있습니다.

▶ 오프라인 : 인터넷 연결 없이 텍스트를 번역할 수 있습니다(59개 언어).

▶ 즉석 카메라 번역 : 카메라로 이미지의 텍스트를 즉시 번역할 수 있습니다(94개 언어).

▶ 사진 : 사진을 찍거나 가져와 번역할 수 있습니다(90개 언어).

▶ 대화 : 2가지 언어로 된 대화를 실시간으로 번역할 수 있습니다(70개 언어).

▶ 필기 번역 : 필기로 번역할 수 있습니다(96개 언어).

1️⃣ ① [Play 스토어]에서 [구글번역기]를 검색하여 ② [설치]를 터치합니다. 2️⃣ [열기]를 터치합니다. 3️⃣ ① 출발 언어를 선택합니다. ② 도착 언어를 선택합니다. ③ 출발 언어와 도착 언어를 교환할 수 있습니다. ④ 탭하여 텍스트를 입력할 수 있습니다. ⑤ 필기 언어를 입력할 수 있습니다. ⑥ 음성으로 입력할 수 있습니다. ⑦ 카메라로 촬영하여 입력할 수 있습니다. ⑧ 대화를 실시간으로 통역합니다.

1️⃣ ① 출발 언어를 선택합니다. ② 한국어를 선택하였습니다. ③ [언어 감지]를 선택하면 자동으로 출발 언어를 감지합니다. 2️⃣ ① 도착 언어를 선택합니다. ② 영어를 선택하였습니다.

3️⃣ ① 탭하여 번역을 하기 위해 탭하여 텍스트를 입력합니다. ② 번역된 부분의 화살표를 터치합니다.

1️⃣ ① 터치하면 음성으로 들을 수 있습니다. ② 복사할 수 있습니다. ③ 공유할 수 있습니다.
2️⃣ ① 필기 번역을 하기 위해 연필 아이콘을 터치하여 화면에 입력을 합니다. ② 번역된 언어를 보여줍니다. 3️⃣ ① 음성으로 입력하기 위해 마이크 아이콘을 터치하여 음성으로 입력을 합니다. ② 번역된 언어를 보여줍니다. ③ 터치하면 음성으로 들을 수 있습니다.

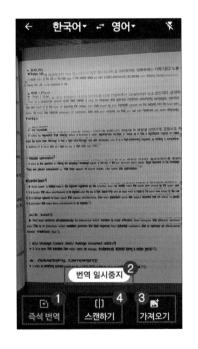
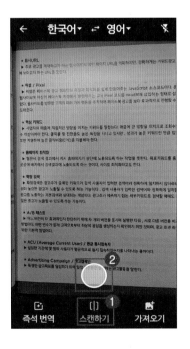

1️⃣ 카메라 번역을 하기 위해 카메라 아이콘을 터치합니다. ① [즉석 번역]을 터치하고 번역할 부분을 가리키면 바로 번역이 되며 ② 터치하면 화면이 정지됩니다. ③ 갤러리에서 이미지를 가져와서 번역을 할 수 있습니다. ④ 스캔하여 좀 더 명확하게 번역된 화면을 볼 수 있습니다. 2️⃣ ① [스캔하기]를 터치해서 번역할 부분을 가리키고 ② 셔터 아이콘을 터치하여 모두 선택을 하면 번역된 화면을 보여줍니다. 3️⃣ ① 대화를 하기 위해 두 언어를 선택하고 ② [대화]를 터치합니다.

1 ① 터치해서 [자동]으로 합니다. ② 손바닥 모양의 아이콘을 터치합니다. 2 화면을 대화할 상대에게 보여줍니다. 3 ① 한국어로 말을 하면 입력이 되며 ② 상대방 언어로 번역되어 음성으로 들려줍니다. ③ 상대 언어로 말을 하면 한국어로 입력되며 음성으로 들려줍니다.

 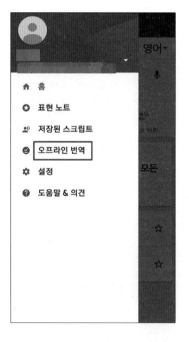 

1 상단의 삼선을 터치합니다. 2 [오프라인 번역]을 터치합니다. 3 ① 화면을 스크롤 해서 ② 다운로드할 언어를 선택합니다.

1️⃣ [다운로드]를 터치합니다. 2️⃣ 상단의 [다운로드한 언어]에 보여줍니다. 인터넷이 안 되는 환경에서 텍스트 번역을 할 수 있습니다. 3️⃣ [설정]을 터치합니다.

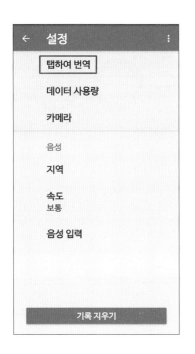  

1️⃣ [탭하여 번역]을 터치합니다. 2️⃣ [사용]을 터치하여 활성화합니다. 3️⃣ [구글 번역]에 다른 앱 위에 표시되는 권한을 주기 위해 ① 화면을 스크롤 한 후 ② [번역]을 찾아서 ③ 활성화합니다.

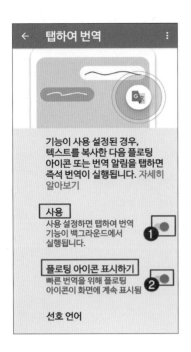

1 ① [탭하여 번역]을 하기 위해 [사용]을 활성화합니다. ② 화면에 아이콘 표시를 위해 활성화합니다. **2** ① 다른 앱에서 번역할 부분의 범위를 선택하고 ② [복사]를 터치합니다. ③ 구글번역 아이콘을 터치합니다. **3** 선택한 부분이 번역되어 보여주며 터치하면 큰 화면으로 볼 수 있습니다.

CHECK 리스트

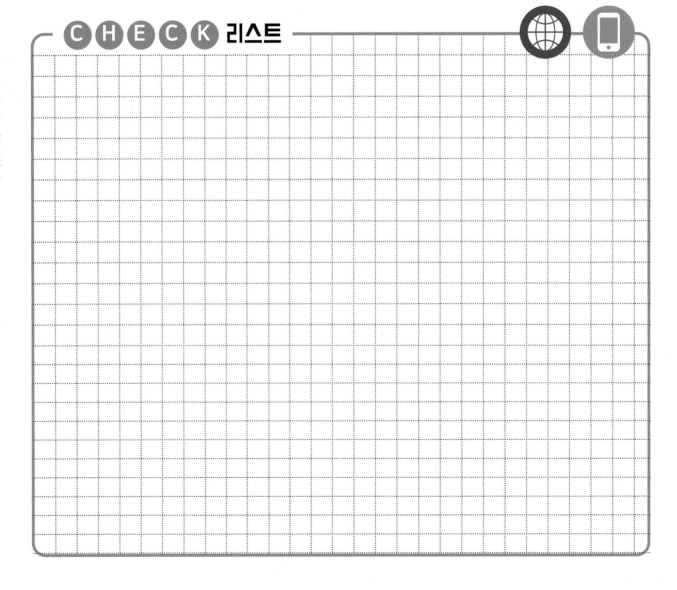

7강 번역 앱 활용하기 - 네이버 파파고

한국어 표현이 상대적으로 자연스러운 장점이 있습니다.

▶ 텍스트 번역 : 입력을 하여 13개 언어로 번역할 수 있습니다.

▶ 탭하여 번역 : 어떤 앱에서나 텍스트를 복사하고 파파고 앱을 탭하여 번역할 수 있습니다.

▶ 오프라인 번역 : 인터넷 연결 없이 텍스트를 번역할 수 있습니다(3개 언어).

▶ 즉석 카메라 번역 : 카메라로 이미지의 텍스트를 즉시 번역할 수 있습니다.

▶ 사진 : 사진을 찍거나 가져와 번역할 수 있습니다.

▶ 대화 : 2가지 언어로 된 대화를 실시간으로 번역할 수 있습니다.

▶ 필기 번역 : 필기로 번역할 수 있습니다.

🔳 ① [Play 스토어]에서 [파파고]를 검색하여 ② [설치]를 터치하여 설치합니다. 🔳 [열기]를 터치합니다. 🔳 [파파고]를 내 기기 위치에 액세스하도록 허용하기 위해 [앱 사용 중에만 허용]을 터치합니다.

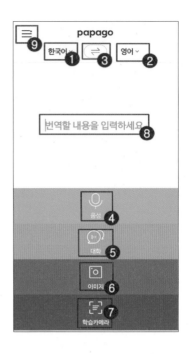

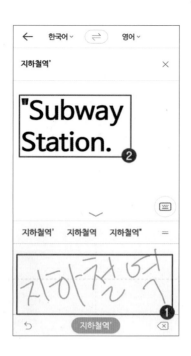

1 ① 입력 언어를 선택합니다. ② 번역 언어를 선택합니다. ③ 입력 언어와 번역 언어를 교환할 수 있습니다. ④ 음성으로 입력하여 번역할 수 있습니다. ⑤ 대화를 바로 번역합니다. ⑥ 이미지를 찍거나 가져와서 번역할 수 있습니다. ⑦ 영문을 찍어서 학습할 수 있습니다. ⑧ 탭하여 입력할 수 있습니다. ⑨ 설정입니다. **2** ① 입력 언어를 선택하고 ② 번역 언어를 선택합니다. ③ 탭하여 텍스트를 입력하면 ④ 번역 언어로 보여줍니다. ⑤ 필기 번역을 하기 위해 연필 아이콘을 터치합니다. **3** ① 필기로 입력을 합니다. ② 번역 언어로 보여줍니다. 화면을 터치합니다.

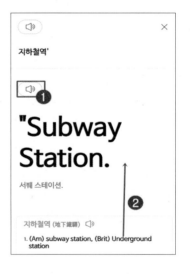
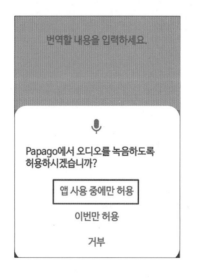

1 ① 터치하면 발음을 들려줍니다. ② 위로 스크롤 하면 단어 등 사전 내용을 보여줍니다. **2** 음성을 입력하여 번역하기 위해 [음성]을 터치하고 권한 허용을 위해 [앱 사용 중에만 허용]을 터치합니다. **3** 마이크 아이콘을 터치하고 음성을 입력합니다.

1 ① 음성 입력한 내용을 보여줍니다. ② 번역 언어로 보여주며 음성도 동시에 들려줍니다.
2 대화 통역을 하기 위해 [대화]를 터치합니다. 한국어의 마이크 아이콘을 터치하고 한국어로
대화를 합니다. 3 ① 한국어로 텍스트를 보여주며 동시에 ② 영어로 통역되어 음성을 들려주며 동시
에 텍스트도 보여줍니다.

 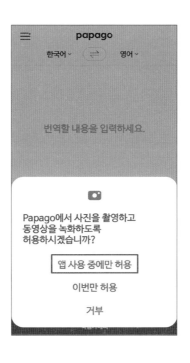 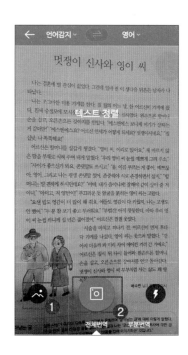

1 ① 영어의 마이크 아이콘을 터치하고 영어로 음성을 입력하면 ② 영어로 텍스트를 보여주며
③ 동시에 한국어로 음성을 들려주고 텍스트도 보여줍니다. 2 이미지로 번역을 하기 위해 [이미지]
를 터치합니다. 권한 허용을 하기 위해 [앱 사용 중에만 허용]을 터치합니다. 3 ① 갤러리의 이미지
를 가져와 번역할 수 있습니다. ② 직접 촬영하여 번역하기 위해 카메라 아이콘을 터치합니다.

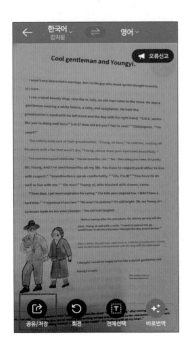  

1 바로 번역된 언어로 보여주며 [공유/저장]을 터치하여 공유, 저장, 복사할 수 있습니다. 2 삼선을 터치합니다. 3 ① 메뉴 중에 [웹사이트 번역]을 터치합니다. ② 웹사이트 주소를 입력하거나 복사하여 붙여넣기를 합니다. 영어, 일본어, 중국어 추천 사이트 중 [이베이]를 터치합니다.

1 영어 사이트가 한국어로 번역되어 보여줍니다. 2 메뉴 중 [오프라인 번역]을 선택하여 ① 3개 국어 모두 받기 하거나 ② 해당 언어를 다운받으면 인터넷이 안 되는 환경에서 텍스트 번역을 할 수 있습니다. 3 메뉴 중 [글로벌 회화]를 선택하면 상황별로 예문과 음성을 활용할 수 있습니다.

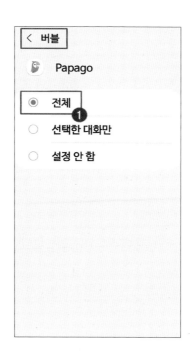

1 메뉴 중 [설정]을 선택하여 [실시간 번역]을 활성화합니다. 2 메뉴 중 [Papago Mini]를 선택하여 [버블]을 [전체]로 선택합니다. '구글번역'의 '탭하여 번역'과 같은 기능으로 다른 앱에서 번역이 필요한 부분을 복사하여 [Papago Mini] 아이콘을 터치합니다. 3 ① 복사한 내용을 보여주고 ② 바로 번역 언어로 보여주며 ③ 터치하면 음성으로 들려줍니다.

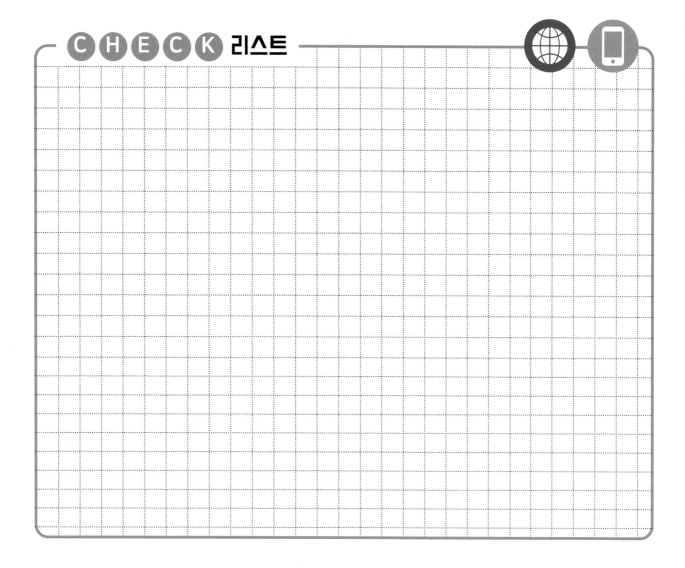

CHECK 리스트

출입국신고서는 한글이 아닌 해외 각국의 츨입국신고서를 쉽게 작성할 수 있도록 해주는 앱입니다.

▶ 79개국 출입국 서류 제공합니다.

▶ 최신 출입국 정보 제공합니다.

▶ 나의 여권 정보 정보저장과 여권 만료일 7개월 전 알림을 제공합니다.

▶ 네트워크 연결 없이 비행기 탑승 모드로 사용할 수 있습니다.

▶ 가족의 여권 정보도 저장할 수 있습니다.

1 ① [Play 스토어]에서 [출입국신고서]를 검색해서 ② [설치]를 터치합니다. [열기]를 터치합니다. 2 ① 나의 여권 정보를 저장할 수 있습니다. ② 나라목록을 보여줍니다.

③ 나라목록을 [가나다순], [ABC순], [대륙순]으로 선택할 수 있습니다. ④ 나라를 직접 입력해서 검색하거나 ⑤ 스크롤 해서 나라를 검색해서 선택할 수 있습니다. ⑥ 예로 [괌]을 선택합니다.

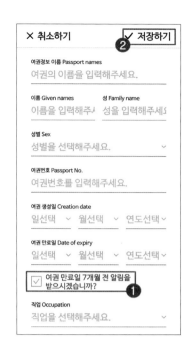

1 ① [입국 신고서] 양식이며 번역된 한글을 보며 새 양식을 작성합니다. ② 터치하면 [즐겨찾기]에 추가됩니다. **2** [세관 신고서]입니다. **3** [나의 여권 정보 열기]를 터치해서 여권 정보를 입력합니다. ① 터치하면 여권 만료일 7개월 전에 알림을 받을 수 있습니다. ② [저장하기]를 터치하여 저장합니다.

스마트폰 제대로 배우고 익히면 인생이 즐거워집니다!

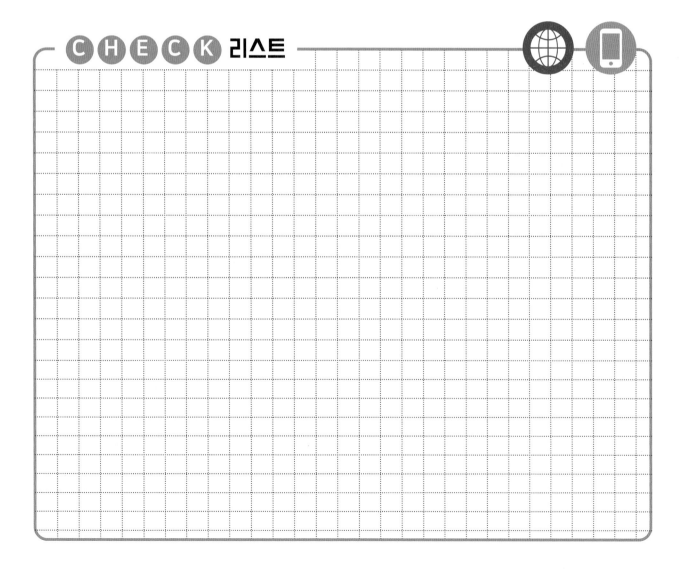

여행 앱 활용하기 - 해외안전여행 (트립어드바이저)

QR코드를 스캔하시면
강의를 볼 수 있습니다.

여행 계획에서 예약, 여행에 이르기까지 여행자들이 좋은 경험을 하도록 도와줍니다.

▶ 여행안내 받기 : 여행자들이 남긴 호텔, 음식점, 관광명소 및 체험에 대한 리뷰를 확인할 수 있습니다.

▶ 여행자들이 추천하는 장소를 지도에서 위치 확인을 할 수 있습니다.

▶ 한 곳에서 모든 여행계획 세우기 : 호텔, 투어, 음식점 등을 검색하고 예약할 수 있습니다.

▶ 여행자 추천장소를 저장하고 구성할 수 있습니다. 여행 동료와 공유 및 공동작업할 수 있습니다.

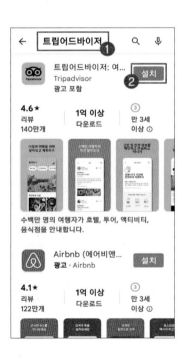

1️⃣ ① [Play 스토어]에서 [트립어드바이저]를 검색하여 ② [설치]를 터치합니다.

2️⃣ [열기]를 터치합니다. 3️⃣ [Google로 계속하기]를 터치하여 로그인합니다.

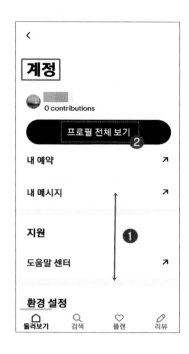

1 [위치 데이터 허용]을 터치합니다. **2** ① [둘러보기]를 터치합니다. ② 스크롤 하여 제공된 정보를 확인할 수 있습니다. ③ 왼쪽으로 스크롤 하여 테마를 확인합니다. ④ [호텔]을 검색하고 예약할 수 있습니다. ⑤ [즐길거리]를 검색하고 예약할 수 있습니다. ⑥ [음식점]을 검색하고 예약할 수 있습니다. ⑦ 원형의 [계정] 로고를 터치합니다. **3** ① [내 예약] 등의 정보를 확인할 수 있습니다. ② [프로필 전체 보기]를 터치합니다.

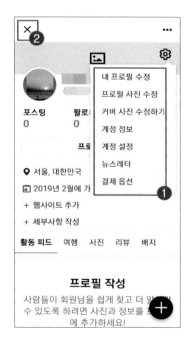
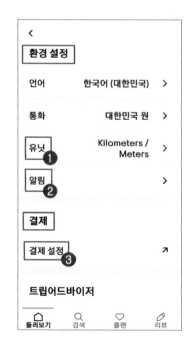

1 [설정] 로고를 터치합니다. **2** ① 프로필 등을 수정하고 설정할 수 있습니다. ② 상단의 [x]를 터치합니다. **3** ① [유닛]을 터치하여 단위를 선택합니다. ② [알림]을 터치하여 원하는 사항을 선택합니다. ③ [결제 설정]을 터치하여 결제 방법으로 카드 내역을 입력하고 저장합니다.

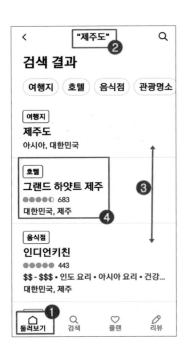

1 ① [둘러보기]를 터치하고 [호텔]을 선택합니다. ② 검색란에 [제주도]를 입력합니다. ③ 스크롤 하여 검색하고 ④ 적절한 호텔을 선택하고 터치합니다. **2** ① 리뷰 건수와 순위를 알려줍니다. ② 스크롤 하여 편의 시설, 여행자 팁, 지역 정보를 확인할 수 있습니다. ③ 터치하여 일정, 객실 수, 인원을 설정합니다. ④ 터치하면 예약 사이트로 전환되어 예약할 수 있습니다. **3** [둘러보기]에서 [즐길거리]를 선택합니다. ① 검색란에 [서귀포]를 입력합니다. ② 스크롤 하여 검색을 하고 ③ [서귀포 잠수함]을 터치합니다.

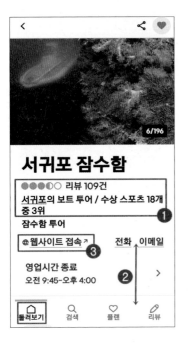

1 ① 리뷰 건수와 순위를 알려줍니다. ② 스크롤 하여 추가정보를 검색합니다. ③ 터치하면 웹사이트로 접속해서 예약할 수 있습니다. **2** 위로 스크롤 하면 ① 총 리뷰의 평가를 알려줍니다. ② 스크롤 하면 각각의 세부 리뷰를 검색할 수 있습니다. **3** 웹사이트로 접속한 화면으로 ① [RESERVATION]을 터치하여 예약할 수 있습니다.

1️⃣ [둘러보기]에서 [음식점]을 선택합니다. 검색란에 [서귀포]를 입력하고 ① 스크롤 해서 검색을 하고 ② 음식점을 선택합니다. 2️⃣ ① 리뷰 건수와 평점, 순위를 보여줍니다. ② 스크롤 하면 리뷰 등 세부정보를 확인할 수 있습니다. ③ 웹사이트에 접속하여 세부정보 및 예약을 할 수 있습니다.
④ 바로 전화를 할 수 있으며 ⑤ 메뉴를 확인할 수 있습니다. 3️⃣ [검색]에서 검색란에 ② [서귀포]를 입력하고 ② 검색된 [서귀포]를 터치합니다.

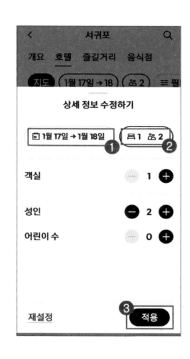

1️⃣ ① [개요]를 터치하면 검색한 지역의 개략적인 정보를 ② 스크롤 하면서 확인할 수 있습니다.
③ [호텔]을 터치합니다. 2️⃣ ① 일정을 터치합니다. 3️⃣ ① 세부 일정을 선택하고 ② 객실 수, 인원을 선택하고 ③ [적용]을 터치합니다.

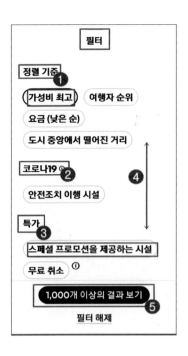

1 [필터]를 터치합니다. ① [정렬 기준]에서 원하는 조건을 선택합니다. ② [코로나19] 관련 안전조치 시설을 확인할 수 있으며 ③ [특가]에서 원하는 조건을 선택합니다. ④ 스크롤 하여 추가로 조건을 선택합니다. ⑤ [결과보기]를 터치합니다. **2** [검색]에서 [즐길거리]를 터치해서 ① [정방폭포]를 터치합니다. ② 평점, 리뷰 건수, 순위를 보여줍니다. ③ 스크롤 하면 세부정보를 확인할 수 있습니다. **3** [검색]에서 [음식점]을 선택합니다. ① 스크롤 해서 확인을 하고 ② 원하는 음식점을 선택합니다.

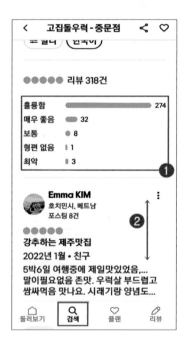

1 ① 평점, 리뷰 건수, 순위 등을 보여줍니다. ② 스크롤 해서 세부정보를 확인합니다.

2 ① 총 리뷰의 분석 결과를 보여줍니다. ② 스크롤 하면 각 리뷰와 추가 정보를 확인할 수 있습니다.

3 ① [플랜]을 선택하고 ② [여행]을 터치합니다.

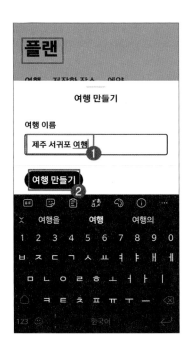

1️⃣ ① [여행 이름]을 입력하고 ② [여행 만들기]를 터치합니다. 2️⃣ 여행지와 즐길거리 등을 검색하고 하트를 터치하면 이 여행 [플랜]에 저장됩니다. ① [둘러보기]를 터치합니다. 3️⃣ ① 검색란에 [서귀포]를 입력합니다. ② 저장할 내역의 [♡]를 터치하면 ③ [플랜]에 저장이 됩니다.

1️⃣ ① 터치하면 목록 순위 수정을 할 수 있습니다. ② 터치하면 여행 일정을 편집할 수 있고 ③ 터치해서 목록의 의견을 추가할 수 있습니다. ④ 터치해서 여행을 함께 수정하거나 공유할 사람을 카톡 등으로 초대할 수 있습니다. ⑤ 여행플랜을 수정, 공개 여부, 협력자 초대, 삭제 등을 할 수 있습니다. ⑥ [+]를 터치합니다. 2️⃣ 이 여행에 ① [외부 링크]를 추가하고 ② [메모 추가]를 하고 ③ [장소 저장]을 추가로 할 수 있습니다. 3️⃣ [리뷰]에서 ① [리뷰 작성하기]를 터치하여 리뷰를 작성할 수 있으며 ② [사진 업로드]는 사진을 업로드하고 바로 리뷰를 작성할 수 있습니다.

스마트폰 제대로 배우고 익히면 인생이 즐거워집니다!

쇼핑몰 앱 활용하기 - 네이버 쇼핑

QR코드를 스캔하시면
강의를 볼 수 있습니다.

 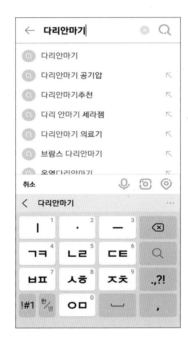 

1️⃣ [네이버]앱을 터치합니다. 2️⃣ 검색창에 [다리안마기]라고 입력하고 [돋보기] 아이콘을 터치합니다. 3️⃣ 상단의 [쇼핑]탭을 터치합니다.

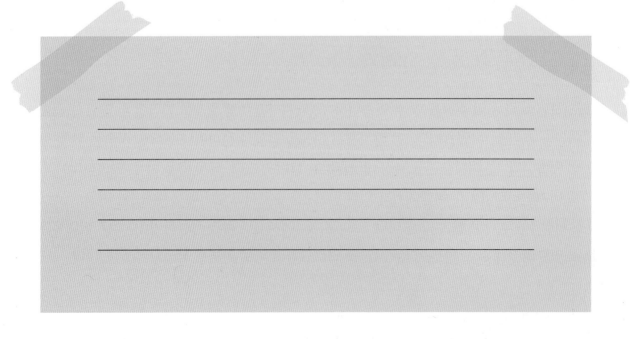

1 원하는 [메이커]가 있으면 선택하고 [안마방식]이나 [부가기능]도 선택합니다. 여기에서는
[안마방식]으로 '지압'을 [부가기능]으로 '무선'을 선택했습니다. 추가적인 '카테고리'를 보고 싶으
면 ② 부분을 터치합니다. **2** 여러 가지 '카테고리'를 볼 수 있습니다. **3** [네이버 랭킹순]을 터치하여
가격을 내림차순, 오름차순으로 정렬할 수 있습니다.

1 [낮은 가격순]을 선택하면 **2** 상품의 가격이 낮은 가격부터 정렬되고 **3** [높은 가격순]을 선택
하면 상품의 가격이 높은 것부터 낮은 순으로 정렬되기 때문에 상품을 검색하는데 편리합니다.

1 상품이 '높은 가격순'으로 정렬된 모습입니다. **2** [무료배송]을 터치하여 무료로 배송되는 상품을 검색할 수도 있고 **3** [배송]을 터치하여 배송일을 검색할 수도 있습니다.

1 [가격]을 터치합니다. **2** 제시된 가격대를 터치하여 상품을 검색할 수도 있고, 자신이 직접 가격대를 입력하여 검색할 수도 있습니다. **3** 다음 페이지에 있는 상품을 보고 싶으면 [2]를 터치합니다.

1️⃣ 화면을 상하로 스크롤 하여 상품을 검색합니다. 마음에 드는 상품이 있으면 해당 상품을 터치합니다. 2️⃣ 상품의 구매 추가정보, 반품/교환 안내, 판매자 정보 등을 볼 수 있습니다. 내용을 확인하고 싶으면 해당 글자를 터치합니다. 3️⃣ 계속 진행하려면 [구매하기]를 터치합니다.

  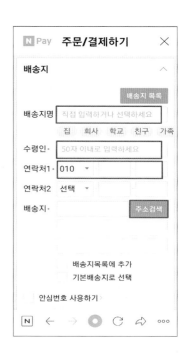

1️⃣ [옵션선택(필수)]에서 옵션을 선택합니다. 그에 해당하는 가격이 표시됩니다. 2️⃣ 가격을 확인한 후 구매를 진행하려면 [바로구매]를, 또 다른 물건을 함께 구매하려면 [장바구니 담기]를 터치합니다. 3️⃣ [바로구매]를 터치하여 [주문/결제하기]로 이동된 화면입니다. [배송지명], [수령인], [연락처] 등을 정확하게 입력한 후 [주소검색]을 터치합니다.

 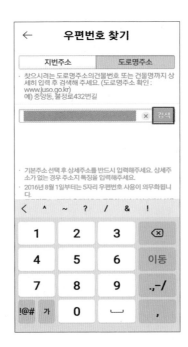 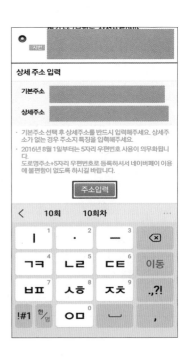

1 필요에 따라 [배송지목록에 추가], [기본배송지로 선택]도 체크합니다. **2** [우편번호 찾기] 화면에서는 입력창에 '지번주소'나 '도로명주소'를 입력하고 [검색]을 터치합니다.

3 [상세 주소 입력]창에서는 상세주소(동, 호수)를 입력하고 [주소입력] 버튼을 터치합니다.

1 [주문금액]을 확인합니다. **2** [결제수단]화면에서는 '계좌 간편결제', '카드 간편결제', '일반결제' 중에서 결제 방법을 선택합니다. **3** '카드 간편결제'를 선택한 경우에는 카드가 등록되어 있어야 합니다. 만약 카드가 등록되어 있지 않다면 [간편결제 카드 추가]를 터치하여 결제할 카드를 등록합니다.

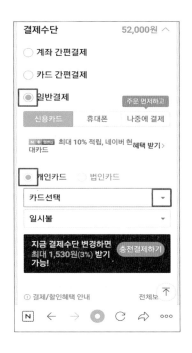

1️⃣ '일반결제'를 선택했다면 세부 결제방법(신용카드, 휴대폰)을 추가해야 하며, '신용카드'를 선택한 경우에는 카드 유형(개인카드, 법인카드)을 선택합니다. '개인카드'를 선택한 경우에는 '카드선택'에서 '▼'을 터치합니다. 2️⃣ 카드의 종류를 선택합니다. 3️⃣ [결제상세]항목과 [포인트 혜택]을 확인합니다.

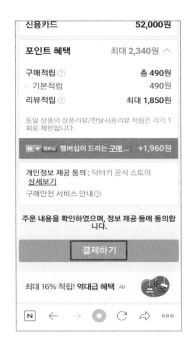

1️⃣ 내용을 확인한 후 최종적으로 구매하기 위해서는 [결제하기]를 터치합니다. 2️⃣ [앱카드]를 선택할 수도 있고 [다른 결제]를 선택할 수도 있습니다. 3️⃣ '다른 결제'를 선택한 경우에는 '일반결제', 'SMS결제', 'PAYCO', 'SAMSUNG Pay' 중에서 세부 결제 방법을 선택할 수 있습니다. 안내에 따라 비밀번호나 인증번호 등을 입력하고 결제를 진행합니다.

쇼핑몰 앱 활용하기 - 이마트몰

  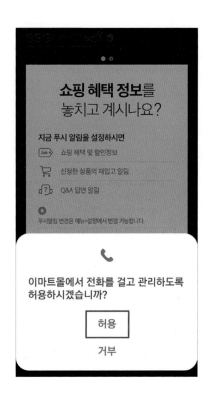

① ① Play 스토어에서 [이마트몰]을 검색하여 설치 후②[열기]를 터치합니다.

② 권한 안내 확인 후 [확인했어요]를 터치합니다. ③ [허용]을 터치하여 진행합니다.

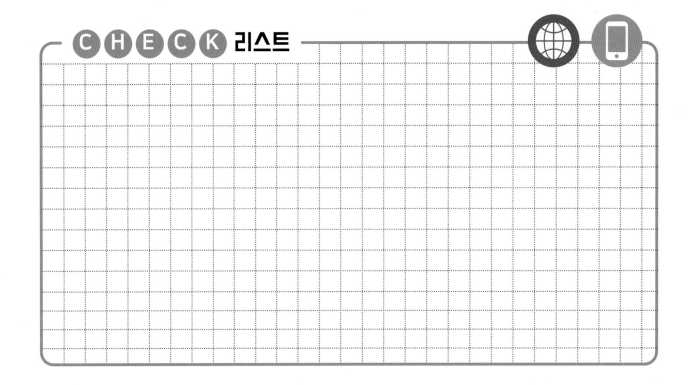

CHECK 리스트

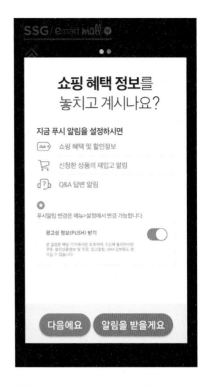  

1️⃣ 쇼핑 광고 알림을 받을지 여부를 선택합니다. 2️⃣ 이마트몰 홈 화면입니다.

①원하는 상품 키워드를 직접 입력하여 검색할 수 있으며②하단 카테고리에서 선택할 수도 있습니다.

3️⃣ ① 구매할 상품을 입력 후 검색합니다.②원하는 조건의 필터를 선택할 수 있습니다.

1️⃣ ① 상품의 수량 및 색상을 선택할 수 있는 옵션 [더보기]입니다. ② 추가로 구매할 상품이 있다면 [장바구니]를 터치합니다. ③ 추가 상품이 없다면 [바로구매]를 터치하여 진행합니다.

2️⃣ 로그인하지 않아도 비회원으로 주문할 수 있습니다. [비회원으로 주문하기]를 터치하여 진행합니다.

3️⃣ 주문자 이름, 연락처, 이메일, 주소, 개인정보 수집 동의 체크 후 [주문하기]를 터치합니다.

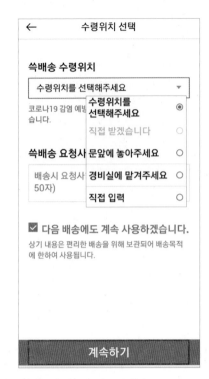

1️⃣ ① 배송 날짜와 시간을 선택할 수 있습니다. ② 일반 배송인지 새벽 배송인지 선택할 수 있습니다. ③ [계속하기]를 터치합니다. 2️⃣ 배송 수령위치 선택, 요청사항 등을 입력 후 [계속하기]를 터치합니다. 3️⃣ 결제할 카드사를 선택합니다. 이용약관 동의 후 [결제하기]를 터치하고 [휴대폰 인증] 절차 후 결제를 진행합니다.

CHECK 리스트

QR-CODE 영상으로 볼 수 있는 키오스크 현장

KTX 열차 예매하기

KTX 예매 취소하기

무인민원 발급기

베스킨라빈스31 주문하기

KFC 주문하기

맥도날드 주문하기

버거킹 주문하기

EDIYA 음료 주문하기

농협 ATM 사용하기

무인점포매장 이용하기

스마트폰 제대로 배우고 익히면 인생이 즐거워집니다!

QR코드를 스캔하시면
강의를 볼 수 있습니다.

▶ 네이버 쇼핑에 등록된 해외 현지 판매자가 직접 판매합니다.

▶ 해외 현지에서 바로 직배송합니다.

▶ 모든 상품은 관·부가세를 포함하고 있습니다.

▶ 관세청에서 발행하는 개인통관 고유부호를 정확히 기재하여야 합니다.

▶ 미화 150불 이하로 개인 사용 및 선물 용도에 한해서만 관·부가세가 면제됩니다.

▶ 배송지를 한글 주소만 넣어도 되며, 배송현황은 네이버 앱 톡 알림을 통해 실시간으로 받아볼 수 있습니다.

1 [네이버] 홈화면에서 ① [쇼핑, 라이프]를 터치합니다. 2 ① [쇼핑홈]을 터치합니다.

3 상단의 메뉴를 왼쪽으로 드래그합니다.

1️⃣ [해외직구]를 터치합니다. 2️⃣ ① [실시간 랭킹]을 터치합니다. 3️⃣ ① [전체]를 터치해서 연령대, 성별을 선택합니다. ② 아이템을 선택할 수 있습니다. ③ [많이 본 상품] 등을 선택할 수 있습니다. ④ [일간] 등 기간을 선택할 수 있습니다. ⑤ [삼선]을 터치합니다.

 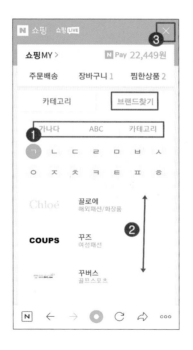 

1️⃣ ① 하단에서 카테고리별로 선택할 수 있습니다. ② [브랜드 찾기]를 터치합니다. 2️⃣ [가나다] 등 정렬을 선택할 수 있습니다. ② 위아래로 스크롤 해서 브랜드를 선택할 수 있습니다. ③ 상단의 [x]를 터치합니다. 해외직구 첫 화면으로 이동합니다. 3️⃣ [국가별 상품보기]를 터치합니다.

1 예를 들어 ① 국가는 [이탈리아]를 선택하고 ② 카테고리는 [명품]을 선택하고 ③ 브랜드는 [구찌]를 선택합니다. 2 ① 종류는 [가방]을 선택합니다. 또 다른 방법으로 ② 상단의 [삼선]을 터치합니다. 3 ① [해외직구 카테고리]를 하단에서 선택할 수 있습니다. ② [스토어 찾기]를 터치 합니다.

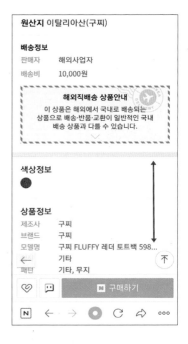

1 ① [가나다] 등 정렬을 선택할 수 있습니다. ② 위아래로 스크롤 해서 [해외 사업자 스토어]를 선택할 수 있습니다. ③ [x]를 터치해서 이전의 가방 검색으로 이동합니다. 2 ① [가방]에서 위아래 로 스크롤 하여 ② 적정한 상품을 선택합니다. 3 위아래로 스크롤 하면서 상품정보를 확인합니다.

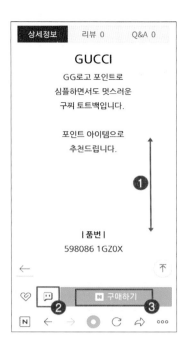
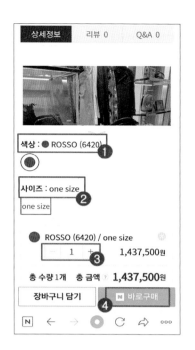
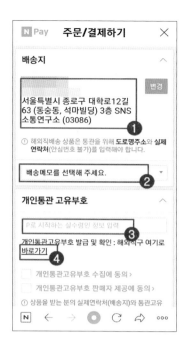

1️⃣ ① 스크롤 하면서 상품정보 등을 확인하고 ② [톡톡] 로고를 터치하여 사업자에게 직접 채팅으로 궁금한 사항을 문의할 수 있습니다. ③ 구매하고자 할 때 [구매하기]를 터치합니다.

2️⃣ ① [색상], ② [사이즈], ③ [수량]을 선택하고 ④ [바로구매]를 터치합니다.

3️⃣ 주문서 작성을 합니다. ① [배송지] 주소를 입력합니다. ② 배송메모를 선택하거나 직접 입력합니다. ③ 수입 통관을 위해 [개인통관 고유번호]를 기재해야 합니다. ④ 번호를 확인하거나 발급받기 위해 [바로가기]를 터치합니다.

1️⃣ 관세청의 [해외직구 여기로] 화면으로 이동합니다. ① 위로 스크롤 합니다.

2️⃣ [개인통관 고유번호 발급 및 조회]를 터치합니다. 3️⃣ ① 발급받은 번호를 확인할 경우에는 [조회]를 터치하고 ② 처음으로 번호를 발급받을 경우 [신규 발급]을 터치합니다.

1️⃣ ① 두 가지 인증방법 중 [간편인증]을 선택합니다. ② 성명을 기재하고 ③ 주민등록번호 뒷자리를 입력하고 ④ [실명인증]을 터치합니다. 2️⃣ 예로 ① [카카오톡]을 선택하고 ② 주민등록번호 뒷자리를 입력하고 ③ 휴대폰 번호를 입력하고 ④ [다음]을 터치합니다.

3️⃣ 이용약관에 대하여 ① [모두 동의하고 인증요청]을 터치합니다.

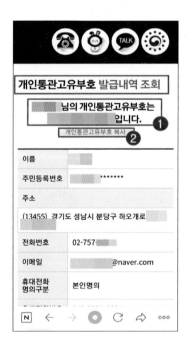

1️⃣ [인증 완료]를 터치합니다. 2️⃣ ① [개인통관 고유부호]를 보여줍니다. ② 터치하면 개인통관 고유부호가 복사됩니다. 3️⃣ ① 터치해서 복사된 부호를 붙여넣기 하거나 입력을 합니다. ② 개인통관 고유부호의 수집과 판매자 제공에 동의하는 것으로 체크 박스를 터치합니다. ③ 위로 스크롤 하면서 주문내역을 확인합니다.

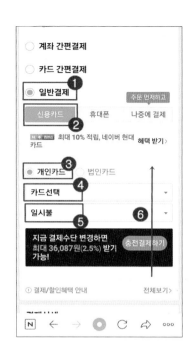

1 [결제 수단]의 네 가지 방법 중 하나를 선택합니다. ① [포인트 충전 결제]는 네이버페이에 연결된 계좌에서 충전하여 결제되며 포인트가 적립됩니다. ② 위로 스크롤 합니다. **2** ① [일반 결제]를 선택하는 경우 ② [신용카드]를 선택하고 ③ [개인카드]를 선택하고 ④ 터치해서 카드 종류를 선택하고 ⑤ 터치해서 지불조건을 선택합니다. ⑥ 위로 스크롤 합니다. **3** ① [구매정보 국외이전 동의]를 터치합니다. ② 최종적으로 내역 등을 확인하고 [결제하기]를 터치하면 결제와 주문이 완료됩니다.

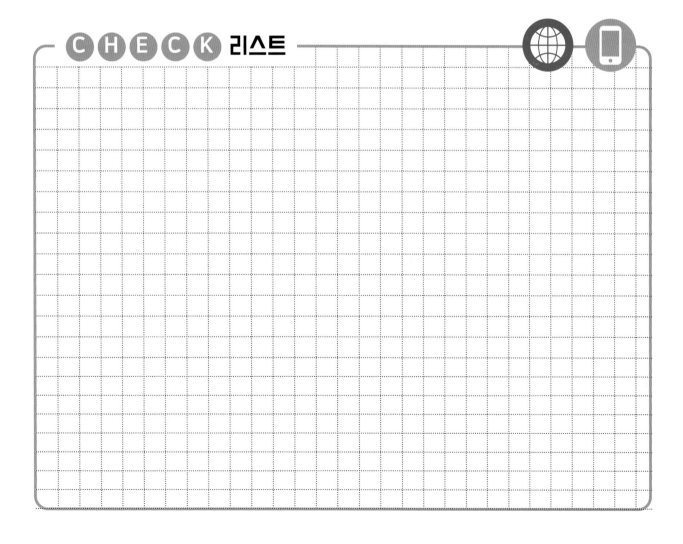

CHECK 리스트

13강 핀테크 - 카카오페이

QR코드를 스캔하시면
강의를 볼 수 있습니다.

① 카카오페이 등록하기

카카오톡에서 제공하는 카카오페이 기능을 활용하여 송금, 이체, 결제 등의 금융거래를 할 수 있습니다. 상황에 따라서 순서가 다를 수 있음을 참고하시기 바랍니다. 여기에서는 스마트폰 '갤럭시 21+'를 중심으로 설명드리겠습니다. ① [카카오톡]어플을 설치한 후 어플을 터치하여 들어갑니다.
② 우측 하단의 [점 3개(더보기)] 버튼을 클릭합니다. ③ 상단의 [pay 0원]부분을 터치합니다.

1️⃣ 상단의 [점 3개]를 터치하고 들어가서 [연결계좌 관리]를 터치합니다. 2️⃣ 연결하고자 하는 은행을 선택합니다. 여기에서는 '국민은행'을 선택하겠습니다. 3️⃣ [계좌번호]를 입력하고 [인증 요청]을 터치합니다. 계좌번호를 연결하기 위해서는 인증 절차가 필요합니다.

1️⃣ 인증을 요청하면 '1원을 보냈습니다.'라는 안내창이 뜨면서 '입금자명'을 입력할 수 있는 란이 나타납니다. 연결하고자 하는 계좌를 조회하여 '입금자명'을 확인해야 합니다. 2️⃣ 여기에서는 '국민은행'을 조회하기 위해서 해당 어플을 터치합니다. 3️⃣ 해당 계좌를 터치합니다.

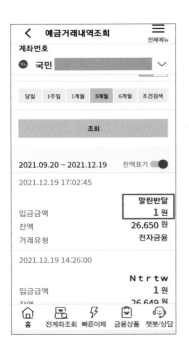
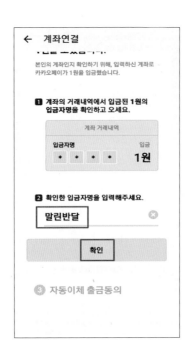

1️⃣ '말린반달'님이 1원을 입금했음을 확인할 수 있습니다. 2️⃣ 해당란에 [말린반달]이라고 입력하고 하단의 [확인]버튼을 터치합니다. 3️⃣ 연결 계좌를 변경할 수도 있습니다. '자동이체 출금동의'에 대한 인증이 필요합니다. 여기에서는 [카카오페이로 인증]을 선택하겠습니다.

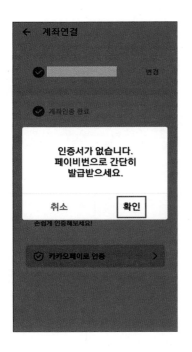
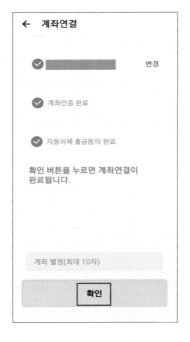
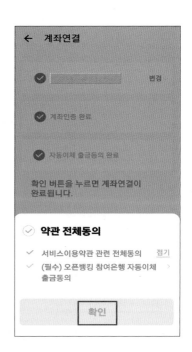

1️⃣ 인증서를 발급받기 위해서는 [확인]을 터치합니다. 발급 절차를 진행합니다. 2️⃣ '계좌연결' 화면에서 [확인]을 터치합니다. 3️⃣ 약관에 동의하고 하단의 [확인]을 터치합니다.

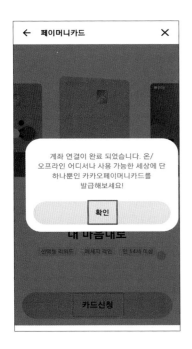  

1️⃣ [확인]을 터치합니다. 2️⃣ 연결 은행으로부터 계좌가 연결되었다는 메시지가 옵니다.

3️⃣ 카카오페이에 금액을 충전하기 위해서 상단의 [충전]버튼을 터치한 후 하단의 [직접입력]을 터치하여 직접 입력해 보겠습니다.

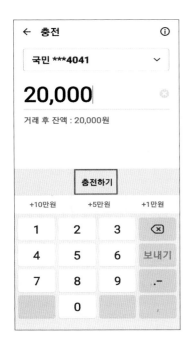 

1️⃣ 입력란에 20,000원을 입력하고 아래의 [충전하기]를 터치합니다. 2️⃣ 20,000원이 충전되었습니다. 카카오톡으로 다시 들어가 보면 Pay에 20,000원이 충전되었음을 확인할 수 있습니다.

2 카카오페이를 이용해 상대방에게 선물하기

이번에는 '카카오페이'를 이용하여 상대방에게 '선물하기'를 실습해 보겠습니다. 스타벅스 '커피'를 선물해 보겠습니다. 1 카카오톡으로 들어가서 [선물하기]를 터치합니다. 2 상단의 [돋보기]아이콘을 터치하여 검색해 보겠습니다. 3 [스타벅스]를 터치합니다.

1 선물하고픈 상품을 선택합니다. 여기에서는 '커피'를 선택하겠습니다. 2 화면을 위로 스크롤 해서 '상품 설명', '인기 선물' 등을 볼 수 있습니다. 하단의 [선물하기]를 터치합니다.

3 카카오톡의 [친구]목록에서 선물할 친구를 선택합니다. 상단의 [돋보기]아이콘을 이용하여 검색할 수도 있습니다.

1 [메시지카드 쓰기]를 터치하여 간단한 편지를 쓸 수 있습니다. 2 메시지를 간단하게 작성한 후 하단의 [저장]버튼을 터치하여 저장합니다. 3 [최종 결제 금액]을 확인한 후 하단의 [결제하기]를 터치합니다.

1 하단의 [결제완료]를 터치합니다. [취소하기]버튼을 터치하여 취소할 수도 있습니다. 2 'OO 에게 선물을 보냈습니다.'란 메시지가 나타납니다. [주문내역]을 터치하여 지금까지 주문한 내역을 볼 수도 있습니다.

핀테크 - 네이버페이

QR코드를 스캔하시면
강의를 볼 수 있습니다.

1 네이버페이 등록하기

네이버페이를 사용하기 위해서는 네이버페이 비밀번호를 설정하고 내 계좌를 연결해야 합니다.

1 우선 '네이버' 어플을 터치하고 들어옵니다. 상단의 [pay]를 터치합니다.

2 우측 상단의 [3선(메뉴)] 버튼을 터치합니다. 3 [페이 설정 내 정보, 배송지, 카드...]를 터치합니다.

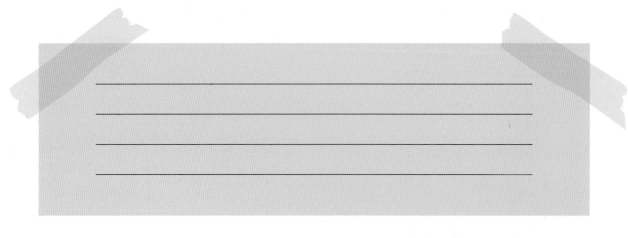

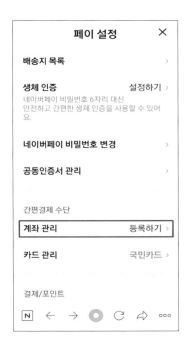  

1️⃣ [계좌 관리 등록하기]를 터치합니다. 2️⃣ 네이버페이에 사용할 비밀번호 6자리를 입력합니다.
3️⃣ 내 은행 계좌를 연결하기 위해서 상단의 [은행]을 터치한 후 하단의 [계좌 연결]을 터치합니다.
증권 계좌를 연결할 수도 있습니다.

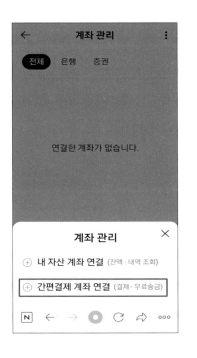 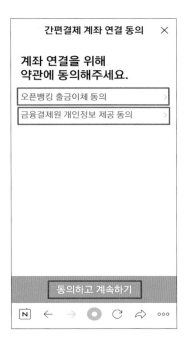 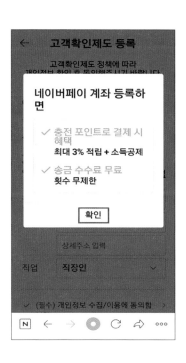

1️⃣ '계좌 관리'에서 [간편결제 계좌 연결(결제, 무료송금)]을 터치합니다. 2️⃣ '간편결제 계좌 연결 동의'
화면에서 [오픈뱅킹 출금이체 동의]와 [금융결제원 개인정보 제공 동의]를 확인한 후 하단의
[동의하고 계속하기]를 터치합니다. 3️⃣ '고객확인제도 등록'화면에서 '충전 포인트 혜택', '송금 수수료
무료'를 확인한 후 [확인] 버튼을 터치합니다.

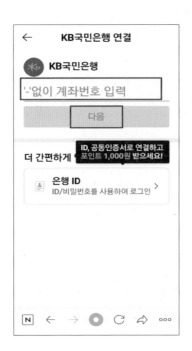

1️⃣ '간편결제 계좌 연결' 화면에서 연결할 '은행'을 선택합니다. 여기에서는 '국민은행'을 선택하겠습니다. 2️⃣ [계좌번호 입력]란에 계좌번호를 입력한 후 [다음]버튼을 터치합니다. 3️⃣ '출금이체 동의' 화면에서 하단의 [동의하기]를 터치합니다.

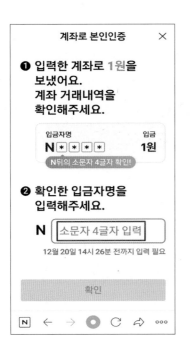
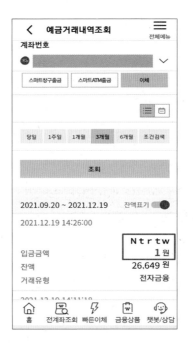

1️⃣ '계좌로 본인인증'화면입니다. '입금자명'을 입력해야 합니다. 2️⃣ 입금자명을 입력하기 위해서는 등록된 계좌(여기에서는 국민은행)로 가서 1원이 입금되었음을 확인하고 '입금자명'을 확인합니다. 입금자명이 'Ntrtw' 임을 알 수 있습니다. 3️⃣ '계좌로 본인인증' 화면에서 'N'을 제외한 'trtw' 4글자를 입력하고 [확인]버튼을 터치합니다.

1 '국민은행'에서 계좌가 등록되었다는 알림 메시지가 옵니다. 2 메시지 내용을 확인합니다.
3 '관리' 화면에서 계좌 이름을 새로 설정하기 위해서는 [연필 아이콘]을 터치합니다. 설정하지 않아도 상관없습니다. 연결 계좌를 삭제하기 위해서는 [계좌 삭제]를 터치합니다.

2 네이버페이로 현장 결제하기

  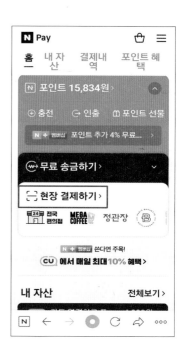

다음에는 '네이버페이'로 현장에서 결제하는 방법에 대해서 알아보겠습니다. 1 우선 '네이버' 어플을 터치하고 들어옵니다. 상단의 [3선]이나 [pay]를 터치합니다. 2 [네이버페이]를 터치합니다.
3 [현장 결제하기]를 터치합니다. '네이버페이'에 가입되어 있는 업체를 확인할 수 있습니다.

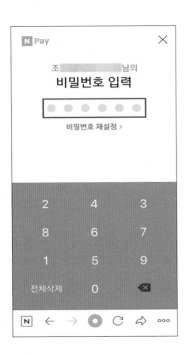

1 '비밀번호 입력' 화면으로 이동됩니다. 네이버페이 비밀번호를 입력합니다. 필요에 따라서 비밀번호를 재설정 할 수도 있습니다. 2 네이버페이 QR코드 화면이 나타납니다. 이 QR코드를 카운터 직원에게 보여주면 결제가 처리됩니다.

3 네이버 쇼핑

이번에는 '네이버 쇼핑'하기에 대해서 말씀드리겠습니다. 1 '네이버' 어플을 터치하고 들어옵니다. 네이버 검색창에 구입하고자 하는 '제품명'을 입력합니다. 여기서는 '보리차'라고 입력하겠습니다. 2 상단이나 하단의 [돋보기]아이콘을 클릭합니다. 3 보리차가 검색되었음을 알 수 있습니다. [쇼핑]탭을 터치합니다.

1️⃣ 화면을 위, 아래로 스크롤 하면서 제품을 검색할 수 있습니다. 구입하고자 하는 제품을 터치합니다. 2️⃣ 제품에 대한 여러 가지 정보를 확인할 수 있습니다. 3️⃣ 옵션에서 [수량]을 선택한 후 하단의 [구매하기]를 터치합니다.

1️⃣ '로그인' 페이지로 이동합니다. 아이디를 입력하고 [로그인]을 터치합니다. 2️⃣ 여기서는 'G마켓'의 아이디입니다. 약관에 동의한 후 [동의하고 계속하기]를 터치합니다. 취소하고자 할 때는 하단의 [취소]를 터치합니다. 3️⃣ 배송지와 상품을 다시 한번 확인한 후 하단의 [결제하기]를 터치합니다.

15강	**핀테크 - 삼성 페이**

QR코드를 스캔하시면
강의를 볼 수 있습니다.

1 삼성 페이 등록하기

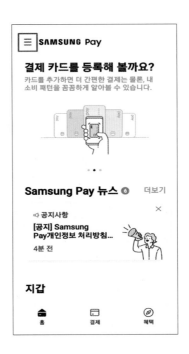
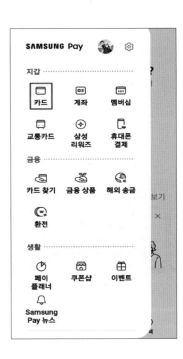

'삼성 페이'를 사용하기 위해서는 어플을 설치하고 카드와 계좌를 등록해야 합니다.

여기에서는 스마트폰 '갤럭시 21+'를 중심으로 설명드리겠습니다. 우선 '카드 등록' 방법부터 설명합

니다. 1 '삼성 페이' 어플을 터치하고 들어갑니다. 2 'SAMSUNG Pay' 화면에서 좌측 상단

[3선(메뉴)]버튼을 터치합니다. 3 상단 [카드]를 터치합니다.

1️⃣ '카드 추가' 화면에서 [내 카드 추가]를 터치합니다. 2️⃣ 하단의 [확인]을 터치합니다.

3️⃣ [앱 사용 중에만 허용]을 터치합니다.

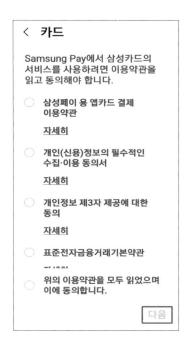 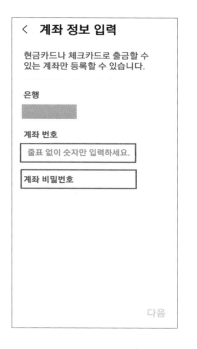 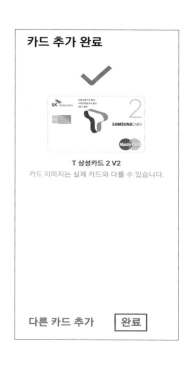

1️⃣ '카드' 화면에서 '이용 약관에 동의'를 체크하면 하단의 [다음]버튼이 활성화됩니다.

2️⃣ [계좌번호]와 [계좌 비밀번호]를 입력하면 하단의 [다음] 버튼이 활성화됩니다. 활성화되면

[다음] 버튼을 터치합니다. 3️⃣ '카드 추가'가 완료되었습니다. 하단의 [완료]를 터치합니다.

② 계좌 추가하기

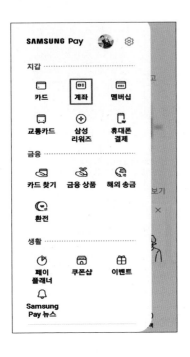

다음에는 '계좌 추가' 방법을 설명하겠습니다. ① '삼성 페이' 어플을 터치하고 들어와서 [계좌]버튼을 터치합니다. ② [계좌 추가]를 터치합니다. ③ 금융기관을 선택합니다. 여기에서는 [KB국민은행]을 선택하겠습니다.

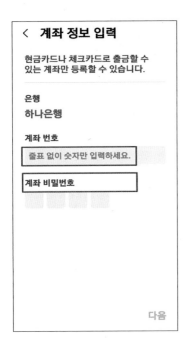
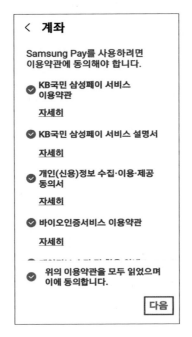
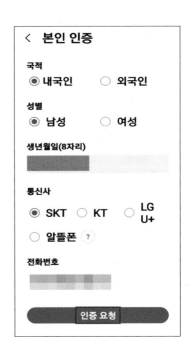

① [계좌 번호]와 [계좌 비밀번호]를 입력하면 하단의 '다음' 버튼이 활성화됩니다. ② 이용 약관에 동의하고, 하단의 [다음]버튼을 터치합니다. 약관의 자세한 내용을 보려면 '자세히'를 터치합니다.
③ 국적, 성별, 생년월일, 통신사, 전화번호를 입력한 후 하단의 [인증 요청]을 터치합니다.

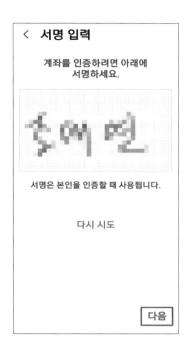 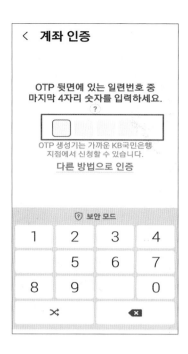 

1️⃣ 서명을 입력하고 하단의 [다음]을 터치합니다. 2️⃣ OTP 뒷면에 있는 일련번호 중 마지막 4자리 숫자를 입력합니다. 3️⃣ '계좌 추가'가 완료되었습니다. 하단의 [확인]을 터치하여 마무리합니다.

3️⃣ 현장에서 삼성 페이로 카드 결제하기

다음에는 현장에서 카드 결제 사용 방법에 대해 설명드리겠습니다. 1️⃣ '삼성 페이' 어플을 터치하고 들어옵니다. 상단의 [3선]을 터치합니다. 엣지를 활용하는 경우도 있습니다. 2️⃣ 상단의 [카드]를 터치합니다. 3️⃣ 등록된 '삼성카드'를 터치합니다.

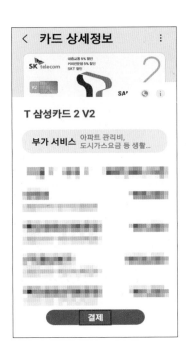
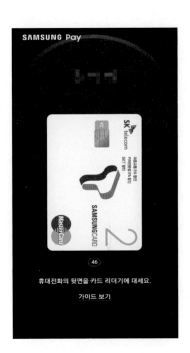

1 '카드 상세정보'에서 하단의 [결제]를 터치합니다. '비밀번호'를 입력하라는 메시지가 나오면
살짝 터치한 후 비밀번호를 입력합니다. 2 화면에 등록된 카드가 보입니다. 휴대전화의 뒷면을 카드
리더기에 대면 결제가 완료됩니다.

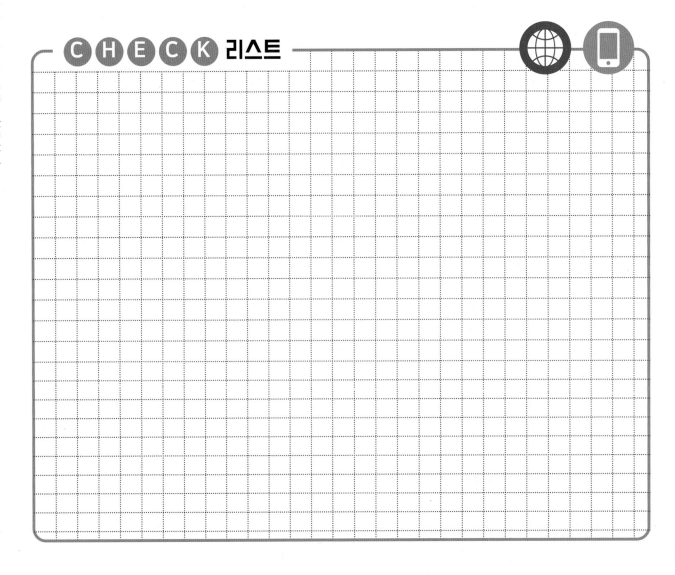

CHECK 리스트

16강 교통앱 활용하기 - 네이버 지도

QR코드를 스캔하시면
강의를 볼 수 있습니다.

① [네이버 지도]아이콘을 터치하여 실행합니다. ② 하단에 4개의 메뉴가 보입니다. 주변 검색, 대중교통, 내비게이션, 마이 페이지를 이용할 수 있습니다. '길찾기'를 하기 위해서는 상단의 [길찾기]를 터치합니다. ③ '출발지'와 '도착지'를 입력합니다. 여기에서는 '출발지'에 '서대전역'이라고 입력해 보겠습니다.

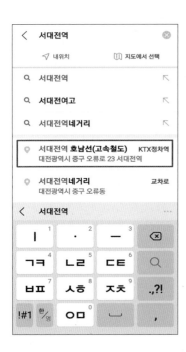

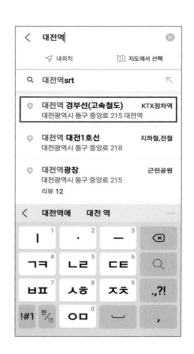

1️⃣ 원하는 세부 항목을 선택합니다. 2️⃣ '입력란'에 선택한 정보가 입력됨을 확인할 수 있습니다.

'도착지 입력란'을 터치한 후 도착지를 입력합니다. 여기에서는 '대전역'이라고 입력해 보겠습니다.

3️⃣ 세부 항목을 선택합니다.

1️⃣ 상단에서 원하는 메뉴를 선택합니다. 여기에서는 [도보(사람 모양)]을 선택하겠습니다.

'서대전역'에서 '대전역'까지 대략적인 길이 보입니다. 하단의 [경로 미리보기]를 터치합니다.

2️⃣ 확대 화면으로 보여줍니다. 우측의 '+', '-' 버튼을 이용하여 화면의 크기를 조절할 수 있습니다.

3️⃣ 적색 네모를 터치하여 주변의 상세 정보를 볼 수도 있습니다.

1 '출발지'에서 '도착지'까지의 '일반지도'를 볼 수 있습니다. 2 '위성지도'나 '지형도'를 보고 싶으면 '레이어' 아이콘을 터치합니다. 3 원하는 메뉴를 선택합니다. 여기서는 [위성지도]를 선택해 보겠습니다.

1 지도가 '위성지도' 모양으로 보입니다. 2 이번에는 [지형도]를 선택해 보겠습니다.
3 지도가 '지형도' 모양으로 보입니다.

1️⃣ 적색 네모 부분을 터치하면 나의 위치가 표시됩니다. 2️⃣ 적색 네모 부분을 한 번 더 터치하면 나의 위치에 진행 방향으로 불빛 모양이 표시됩니다. 3️⃣ 대중교통을 이용하고자 할 때는 상단의 [버스 모양] 아이콘을 터치합니다.

1️⃣ 대중교통이 청색으로 선택되며 '17분'이 소요된다는 안내가 나타납니다. 그 아래에 자세한 대중교통 시간을 볼 수 있습니다. 2️⃣ '내비게이션'을 보고 싶으면 [승용차]아이콘을 터치합니다.

3️⃣ 내비게이션이 청색으로 선택되며 '10분'이 소요된다는 안내가 보입니다. 길 안내를 보고 싶으면 하단의 [안내 시작]을 터치합니다.

☑ 내비게이션이 시작됩니다. ☑ 내비게이션을 종료하고 싶으면 하단의 [3선]을 터치합니다.
☑ 하단의 [안내 종료]를 터치합니다.

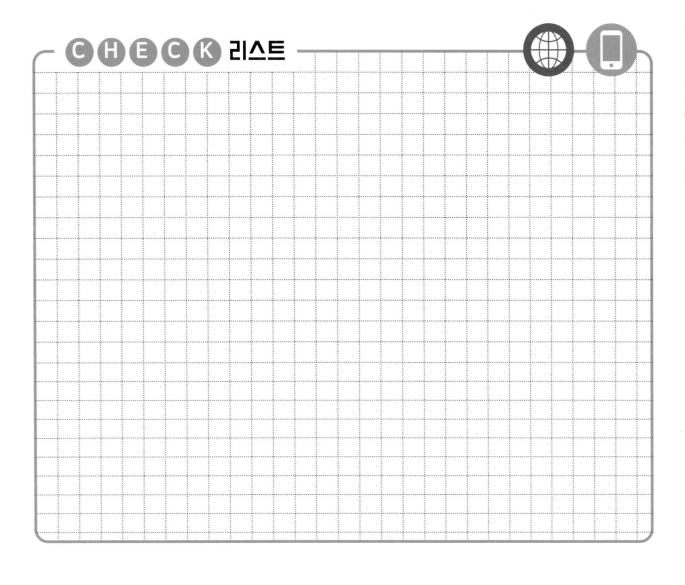

교통앱 활용하기 - 지하철

QR코드를 스캔하시면
강의를 볼 수 있습니다.

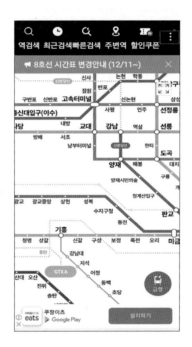

1️⃣ '지하철종결자' 어플을 실행합니다. 어플은 '플레이스토어'에서 다운받으면 됩니다.

2️⃣ 상단에 여러 가지 메뉴가 보입니다. 상단 우측의 [점 3개]를 터치하여 지역을 설정할 수 있습니다.

3️⃣ 상단의 [설정]을 터치합니다.

 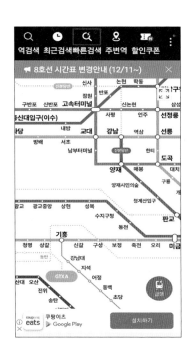 

1️⃣ 기본적으로 [수도권]으로 설정되어 있습니다. 원하는 지역을 설정할 수 있습니다.

2️⃣ 빠른 검색을 하기 위해서는 상단의 [빠른검색]을 터치합니다. 3️⃣ 상단에 [서울역]이라고 입력하고, 아래의 [서울역]을 터치하겠습니다.

1️⃣ 출발지에 '서울역'이 입력됨을 확인할 수 있습니다. 다음에는 도착지를 입력하기 위해서 '도착' 아래의 [+]를 터치합니다. 2️⃣ 상단에 [교대]라고 입력하고, 아래에서 [교대]를 터치합니다.

3️⃣ 현재의 시간 표시 화면이 나타납니다. 시간을 고치고 싶으면 원하는 시간으로 변경하고 [확인]을 터치합니다.

1 '서울역'에서 '교대'까지 가는 지하철 노선이 표시됩니다. 출발 시간, 환승 시간, 도착 시간 등을 알 수 있습니다. 2 지도에서 직접 출발지를 터치하여 검색할 수도 있습니다. 여기서는 [서울역]을 터치해 보겠습니다. 3 [출발역]을 터치하여 서울역을 출발역으로 설정할 수도 있습니다.

CHECK 리스트

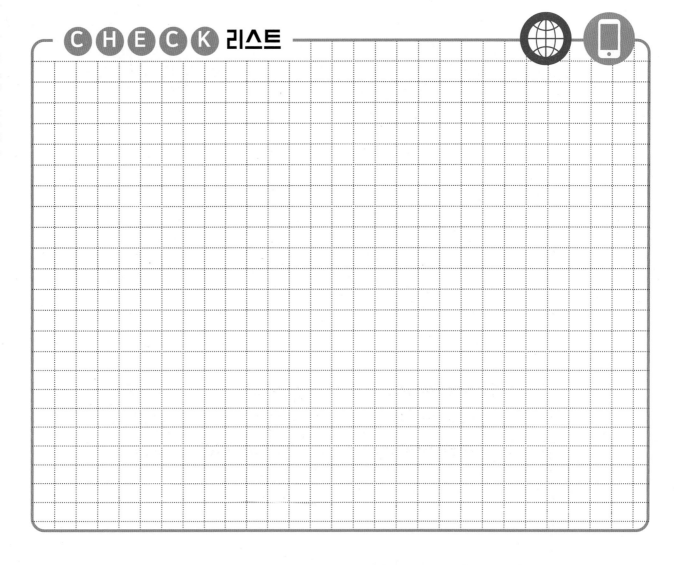

교통앱 활용하기 - 버스

QR코드를 스캔하시면
강의를 볼 수 있습니다.

1️⃣ '고속버스 티머니'어플을 실행합니다. 어플은 '플레이스토어'에서 다운받을 수 있습니다.

2️⃣ 여러 가지 메뉴들이 보입니다. 고속버스를 예매하기 위해서 상단의 [고속버스 예매] 버튼을 터치합니다. 3️⃣ 출발지 아래 [선택]을 터치하여 출발지를 입력합니다.

스마트폰 제대로 배우고 익히면 인생이 즐거워집니다!

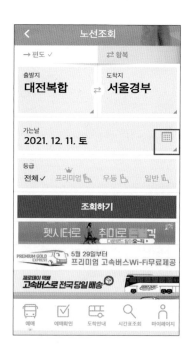

1️⃣ 여기서는 [대전/충남]을 선택하여 '대전복합'을 출발지로 선택하겠습니다. 2️⃣ 다음에는 도착지 [선택]을 터치하여 도착지를 입력합니다. 여기에서는 [서울]을 선택하고 [서울경부]를 도착지로 선택하겠습니다. 3️⃣ 출발지와 도착지가 입력됨을 확인할 수 있습니다. 출발 날짜를 선택하기 위해서 '달력 아이콘'을 터치합니다.

1️⃣ 출발 날짜를 선택합니다. 여기에서는 '18일(토)'을 선택하겠습니다. 2️⃣ 출발 시간을 선택합니다. 여기에서는 '10:00'에 출발하는 [우등고속]을 선택하겠습니다. 결제할 수 있는 페이지로 이동됩니다. 안내 절차에 따라서 결제를 진행합니다. 3️⃣ [마이페이지]를 터치해 보겠습니다.

1 여러 가지 메뉴들이 보입니다. '회원가입'을 할 수도 있고, '자주 쓰는 카드'를 등록할 수도 있으며, '결제 내역'을 확인할 수도 있습니다. 하단의 [예매확인]을 터치하여 예매 상황을 확인할 수도 있습니다.

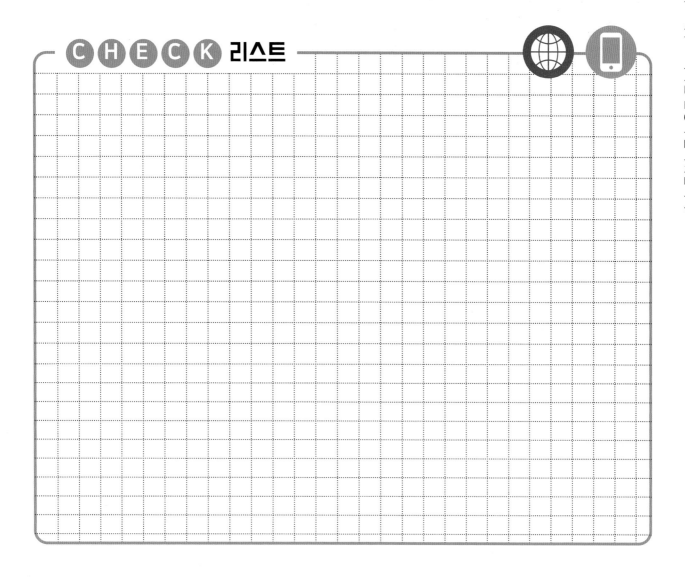

CHECK 리스트

배달음식 주문하기 - 공공 및 민간주도 배달앱 소개(각 지역별로)

1 공공배달앱 (예. 배달특급)

  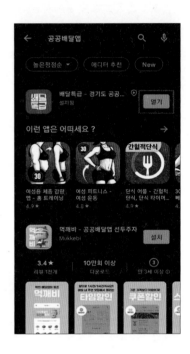

1 [구글 Play스토어]를 터치합니다. **2** ① 검색창에 [공공배달앱]을 입력합니다. ② [공공배달앱]을 터치하여 설치합니다(현재 살고 있는 지역 [공공배달앱]을 선택합니다). **3** [공공배달앱] 실행을 위해 [열기]를 터치합니다.

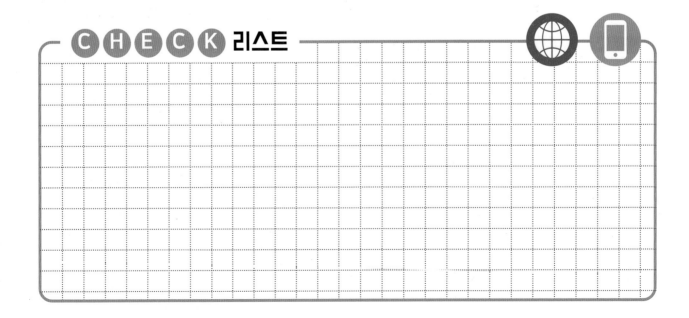

CHECK 리스트

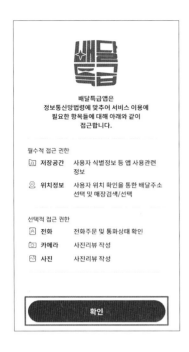 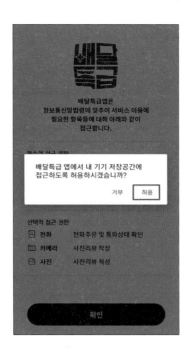 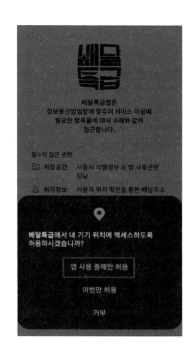

1️⃣ 배달특급이 정보통신망법령에 맞추어 서비스 이용에 필요한 항목들에 접근하는 내용을 [확인] 합니다. 2️⃣ 배달특급 앱에서 내 기기 저장공간에 접근하도록 [허용]을 터치합니다. 3️⃣ 배달특급에서 내 기기 위치에 액세스하도록 허용하기 위해 [앱 사용 중에만 허용]을 터치합니다.

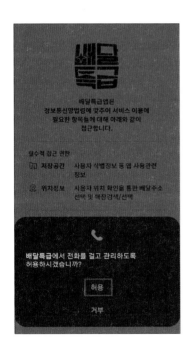 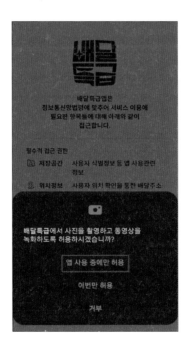 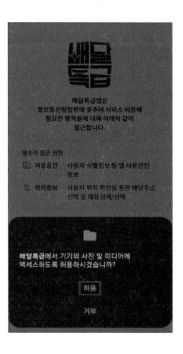

1️⃣ 배달특급에서 전화를 걸고 관리하도록 [허용]을 터치합니다. 2️⃣ 배달특급에서 사진을 촬영하고 동영상을 녹화하도록 [앱 사용 중에만 허용]을 터치합니다. 3️⃣ 배달특급에서 기기의 사진 및 미디어에 액세스하도록 [허용]을 터치합니다.

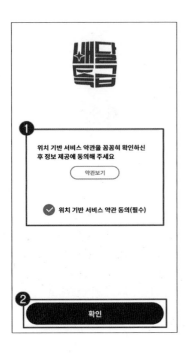
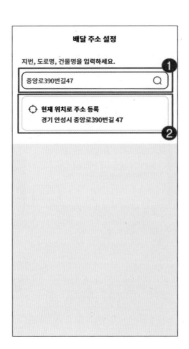

1️⃣ ① '위치 기반 서비스 약관을 꼼꼼히 확인하신 후 정보제공에 동의해 주세요' 창이 뜨면 [약관보기] 후 위치 기반 서비스 약관 동의(필수)를 터치합니다. ② 다(약관보기) 확인한 후 [확인]을 터치합니다. 2️⃣ 배달 주소 설정에서 ① 지번, 도로명, 건물명을 입력합니다. ② 현재 위치의 주소 등록을 합니다. 3️⃣ ① 상세주소를 입력합니다. [배달 주소 등록]을 터치합니다.

1️⃣ ① 음식 카테고리에서 ② 원하는 메뉴를 터치합니다. 2️⃣ ① 화면에 표시된 배달 음식점은 입력한 주소에 맞게 갱신됩니다. 음식점을 선택한 후 터치합니다. 3️⃣ ① 선택한 배달 음식점의 메뉴를 분류하여 빠르게 검색할 수 있습니다. ② 원하는 음식을 터치합니다.

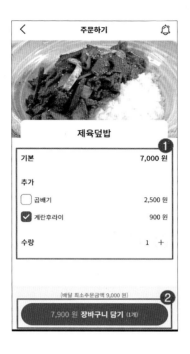

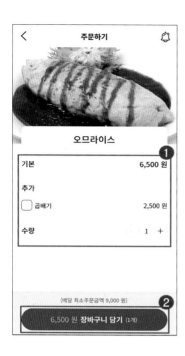

1 ① 선택한 음식에 따라 다르지만, 음식의 양이나 기호를 선택할 수 있는 화면입니다. ② 1개 담기를 선택하여 음식을 장바구니에 담습니다. **2** 음식을 추가하기 위해 메뉴에서 선택합니다. **3** ① 추가한 음식의 양이나 수량을 선택할 수 있는 화면입니다. ② 1개 담기를 선택하여 음식을 장바구니에 담습니다.

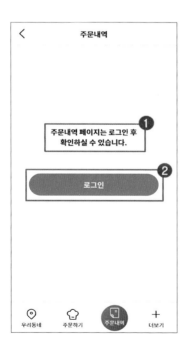

1 음식 담기가 끝났다면 주문 금액을 확인한 후 [주문하기]를 터치합니다. **2** ① '주문내역 페이지는 로그인 후 확인하실 수 있습니다.' 창이 뜹니다. ② [로그인]을 터치합니다. **3** 주문하고 다양한 할인쿠폰 및 혜택을 받을 수 있는 [회원가입]을 터치합니다.

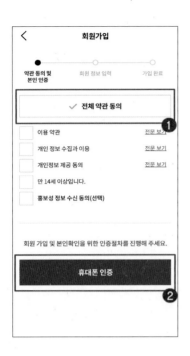

1️⃣ ① 회원가입을 위해 [전체 약관 동의]를 터치합니다. ② 회원가입 및 본인확인을 위한 인증절차를 진행하기 위해 [휴대폰 인증]을 터치합니다. 2️⃣ 회원가입이 완료되면 [로그인 바로가기]를 터치합니다. 3️⃣ ① 주문을 하기 위해서 [배달특급 아이디 로그인]을 터치합니다. ② 배달특급 아이디 로그인 외 [PAYCO로 로그인, Kakao로 로그인, NAVER로 로그인] 중 한 가지를 선택 로그인을 할 수 있습니다.

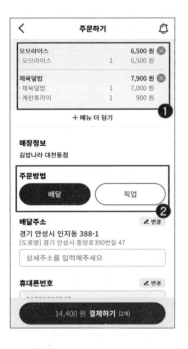

1️⃣ 주문한 음식, 금액, 수량을 확인합니다. [배달], [픽업] 중 주문방법을 선택합니다.

2️⃣ ① 결제수단 [경기도 지역화폐], [PAYCO], [신용/체크카드] 중 한 가지를 선택 후 터치합니다. ② 주문 금액을 다시 한번 확인 후 [결제하기]를 터치하여 결제를 진행하시면 됩니다.

❷ 다른 지역 공공배달앱

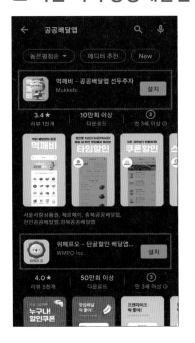

다른 공공배달앱을 알아보겠습니다. ❶ [먹깨비 – 공공배달앱 선두주자]는 전국 최다 지역화폐 연동 배달앱 입니다. [위메프오 – 단골할인 배달앱] 매일 다양한 쿠폰을 제공하는 배달앱입니다.

❷ [공공배달] 내 주변의 맛집을 빠르고 간편하게 찾아볼 수 있는 앱입니다. [띵동 – 서울 진주 대전 지역화폐 시흥시루온누리상품권] 서울 사랑 상품권 결제 가능 제로배달유니온 (제로페이 온라인 가맹점) 배달앱입니다. ❸ [군산시 공공 배달앱 배달의 명수] 꽃집도 배달되는 군산 배달앱입니다.

[배달올거제 – 거제시, 경남최초 공공배달앱] 기존 배달앱과는 다르게 중개수수료, 광고비 등 배달앱 사용시에 발생되는 수수료가 일체 없다는 것이 가장 큰 특징인 앱입니다.

❶ [대구로 – 대구형 배달앱 "주문은 대구로 배달은 댁으로"] 대구 시민을 위해 탄생한 배달앱입니다. ❷ [제천시 공공 배달 앱 배달모아] 제천 시민을 위해 탄생한 배달앱입니다. [천안시 공공 배달앱 배달이지_천안시배달 OK] 천안 시민을 위해 탄생한 배달앱입니다. ❸ [동백통] 부산 공공배달앱입니다.

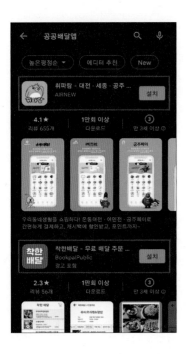 

1 [휘파람 – 대전·세종·공주 우리동네배달생활 플랫폼] 온통대전·여민전·공주페이로 간편하게 결제할 수 있는 앱입니다. [착한배달 – 무료 배달 주문 공공앱] 힘을 내요. 소상공인! 수수료 없는 공공 배달앱입니다. **2** [일단시켜] 강원도 배달앱입니다. [서울애배달 – 제로배달유니온] 서울 공정 배달앱입니다.

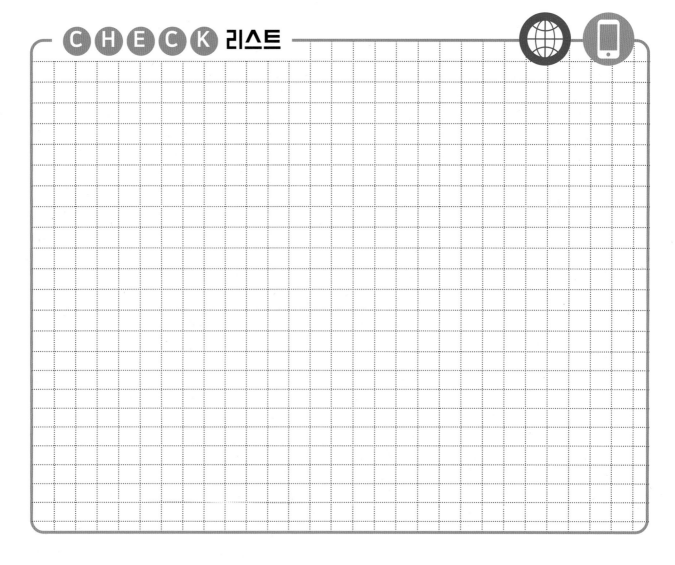

CHECK 리스트

20강	배달음식 주문하기 - 배달(배민 등)

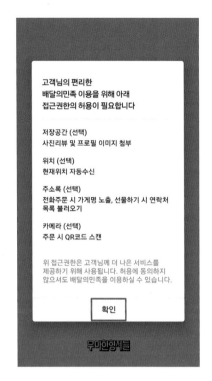
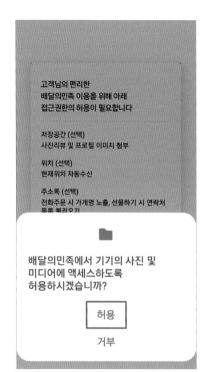

1️⃣ ① Play 스토어에서 [배달의민족]을 검색하여 설치 후②[열기]를 터치합니다.

2️⃣ 권한 허용에 대한 안내가 보이고 [확인]을 터치합니다.

3️⃣ [허용]을 터치하여 진행합니다.

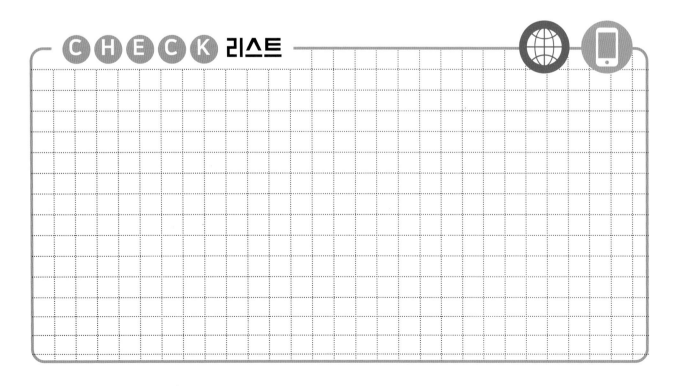

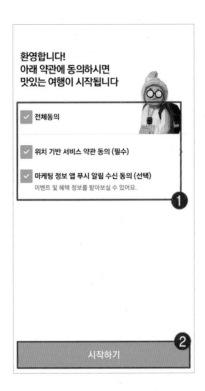
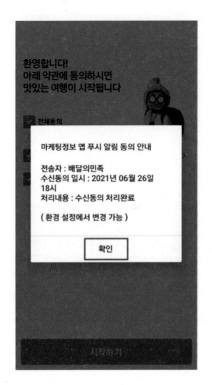

1 ① 약관에 [전체동의]를 체크합니다. ② [시작하기]를 터치합니다.

2 [확인]을 터치하여 진행합니다.

3 ① 주소를 검색합니다. ② 배달 받을 주소를 선택합니다.

1 ① [상세주소]를 정확하게 입력 후 ② [완료]를 터치합니다.

2 메인화면에서 [배달]을 터치합니다.

3 ① 음식 카테고리에서 ② 원하는 메뉴를 선택합니다.

  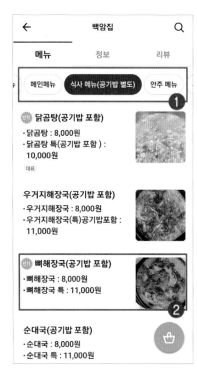

1️⃣ 화면에 노출되는 배달 음식점은 입력한 주소에 맞춰 갱신됩니다. 음식점을 선택합니다.

2️⃣ 음식점을 터치하여 화면을 드래그해서 메뉴를 확인합니다.

3️⃣ ① 선택한 배달 음식점의 메뉴를 분류하여 빠르게 검색할 수 있습니다. ② 원하는 음식을 선택합니다.

 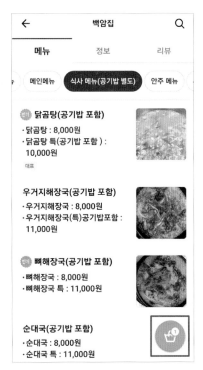 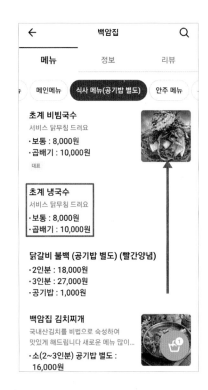

1️⃣ ① 선택한 음식에 따라 조금씩은 다르지만 음식의 양이나 기호를 선택할 수 있는 화면입니다.

② 1개 담기를 선택하여 음식을 장바구니에 담아주세요. 2️⃣ 선택한 음식이 장바구니에 담겨 1 표시가 생긴 걸 확인할 수 있습니다. 3️⃣ 추가 음식을 장바구니에 담을 수 있습니다.

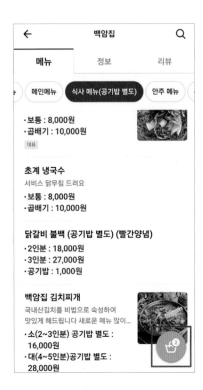

1 장바구니 아이콘을 터치합니다. **2** ① 선택한 음식의 개수를 바꿀 수 있습니다.

② 추가할 음식이 있다면 [➕ 더 담으러 가기]를 선택하여 진행합니다.

③ 음식 담기가 끝났다면 주문 금액을 확인 후 [배달 주문하기]를 터치합니다.

3 [비회원으로 주문하기]를 기준으로 예시를 진행합니다.

1 ① 비회원으로 진행하였기 때문에 배달 중 생기는 문제 해결을 위해 본인의 휴대폰 번호를 인증하여야 합니다. ② 요청사항을 통해 배달에 필요한 정보를 추가적으로 음식점에 전달할 수 있습니다.

③ [위 내용에 모두 동의합니다]를 체크합니다. **2** [결제하기]를 터치하여 결제를 진행하시면 됩니다.

스마트워크 앱 활용하기 - 네이버 스마트보드

1 [구글 Play스토어]를 터치합니다. **2** ① [네이버 스마트보드]를 입력합니다.

② [네이버 스마트보드 – Naver Smartboard]를 터치합니다.

3 [네이버 스마트보드 – Naver Smartboard]를 [설치] 합니다.

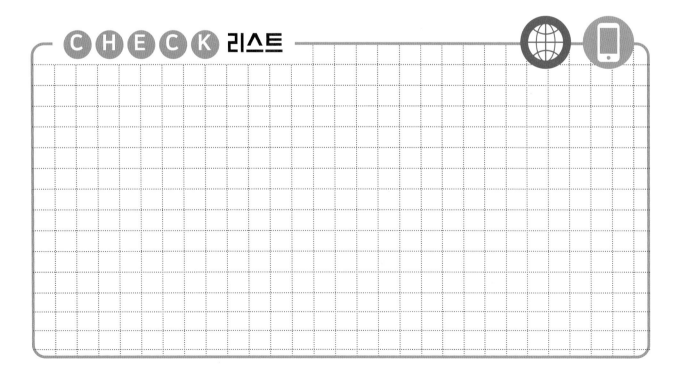

CHECK 리스트

 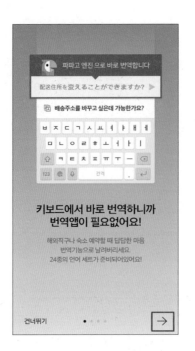 

1️⃣ [네이버 스마트보드 – Naver Smartboard]를 [열기] 합니다. 2️⃣ 네이버 스마트보드에 대한 설명입니다. 읽어본 후 [→]를 터치(4회)하거나 왼쪽의 [건너뛰기]를 터치합니다. 3️⃣ [→]를 터치하여 [네이버 스마트보드 스위치 켜주기]를 합니다.

1️⃣ [네이버 스마트보드]를 터치합니다. 2️⃣ 주의 [확인]을 터치합니다. 3️⃣ 휴대전화가 재시작된 후 휴대전화 잠금을 해제해야만 이 앱을 사용할 수 있습니다. [확인]을 터치합니다.

  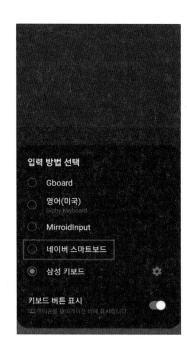

1 ① [네이버 스마트보드]를 터치해서 활성화합니다. ② 내비게이션 바의 뒤로 가기 [<]를 터치합니다. 2 다음 화면에서 네이버 스마트보드를 선택하기 위해 [→]를 터치하여 터치합니다.

3 [네이버 스마트보드]를 선택합니다.

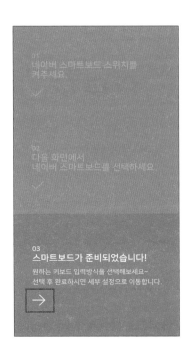 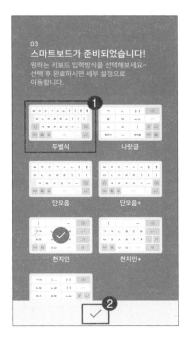 

1 스마트보드가 준비되어있고 원하는 키보드 입력방식을 선택하기 위해 [→]를 터치합니다.

2 키보드 화면이 나오고 ① 지금 사용하려는 키보드를 터치합니다. ② [체크]를 터치합니다.

3 [기본설정] 화면에서 [언어추가 & 입력방식]을 터치하면 다른 자판(키보드)으로 바꿀 수 있습니다.

1 ① [상세설정] 화면에서 화면을 위로 올립니다. ② [날씨 자동 보기]와 [뉴스 자동 보기]를 활성화하면 키보드에서 자동으로 날씨와 뉴스가 보입니다. **2** ① [디자인]에서 자판의 디자인을 바꿀 수 있습니다. ② [기본테마]에서 사용하고 싶은 디자인을 선택합니다. ③ [사용자테마]는 갤러리의 사진을 자판기의 배경으로 가져올 수 있습니다. **3** [마이크]아이콘을 터치합니다.

1 네이버 스마트보드에서 오디오를 녹음하도록 [앱 사용 중에만 허용]을 터치합니다. **2** ① 점 세 개가 움직일 때 말을 하면 문자 입력창에 내용이 보입니다. 입력한 내용을 수정할 때는 ② [자판]아이콘을 터치하여 수정 후 전송합니다. **3** ① [이모지]아이콘을 터치한 후 ② 종류별 [아이콘]을 확인하고 ③ 보내고 싶은 [이모지]를 터치하면 문자 입력창에 보입니다. ④ [전송]을 터치합니다.

  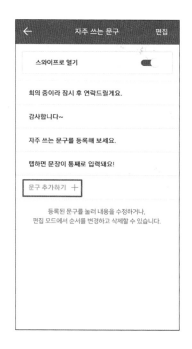

1️⃣ ① [이모티콘]아이콘을 터치한 후 ② 보내고 싶은 [이모티콘]을 터치하면 문자 입력창에 보입니다. ③ [보내기]를 합니다. 2️⃣ ① [자주 쓰는 문구]를 터치합니다. ② [편집]을 터치합니다.
3️⃣ [문구 추가하기 +]를 터치합니다.

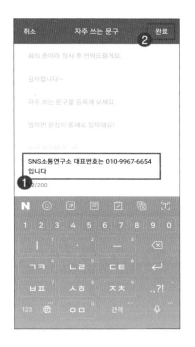 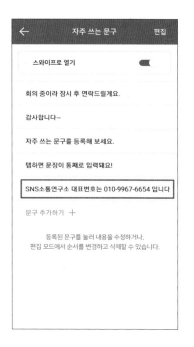 

1️⃣ ① 자주 쓰는 문구를 입력합니다. ② [완료]를 터치합니다. 2️⃣ 새로운 문구가 추가되었습니다.
3️⃣ ① 전송할 내용을 입력합니다. ② [맞춤법]을 터치합니다.

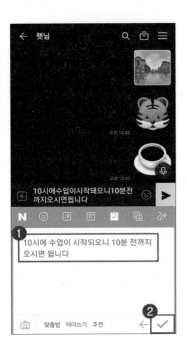  

1 ① 전송할 내용이 맞춤법, 띄어쓰기, 추천단어로 수정된 내용으로 나타납니다. ② 확인 후 [체크]를 터치합니다. **2** ① 수정한 내용을 확인합니다. ② [전송]을 터치합니다. **3** [번역]을 터치합니다.

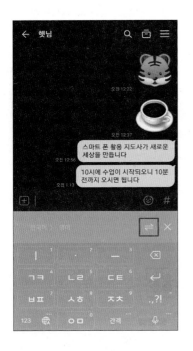 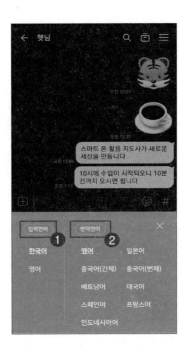 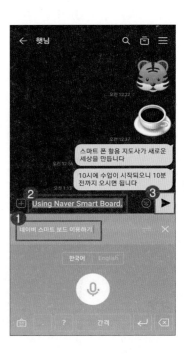

1 [화살표]를 터치합니다. **2** ① [입력할 언어]를 선택합니다. ② [번역할 언어]를 선택합니다.

3 ① 번역할 내용을 음성으로 입력합니다. ② 입력된 언어가 자동으로 [번역]됩니다.

③ 번역된 문자를 확인 후 [전송]합니다.

1 ① [마이크]를 길게 누를 때 나오는 창에서 손을 떼지 않습니다. ② [한자]를 드래그합니다 (손을 떼면 음성입력창이 나옵니다). **2** ① 한자로 변환할 글자를 입력합니다. ② [한자]를 터치합니다. **3** [한자]를 터치하면 입력창에 선택한 한자가 보입니다.

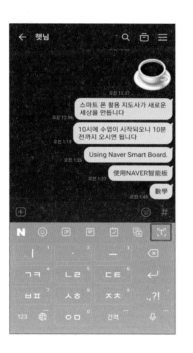

1 ① 다음 한자로 변환할 글자를 입력한 후 한자를 터치하여 맞는 한자를 선택합니다. ② [보내기]를 터치합니다. **2** [문자인식]을 터치합니다. **3** 네이버 스마트보드에서 사진을 촬영하고 동영상을 녹화하도록 [앱 사용 중에만 허용]을 터치합니다.

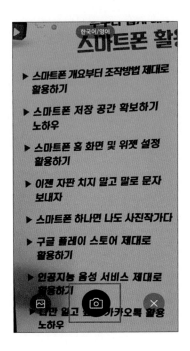 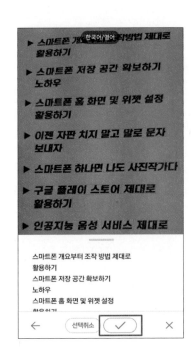 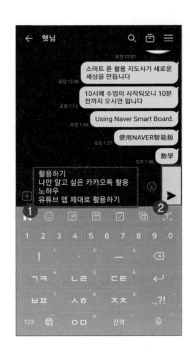

1️⃣ 문자 인식해야 하는 문장을 [촬영]합니다. 2️⃣ 인식된 글자를 확인한 후 [체크]를 터치합니다. 3️⃣ ① 문자 입력창에 인식된 글자가 보입니다. 인식된 글자를 확인합니다. ② [전송]을 누르면 인식된 글자가 바로 전송됩니다.

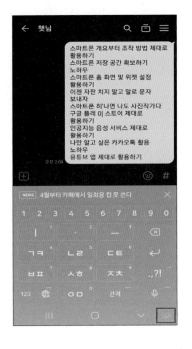 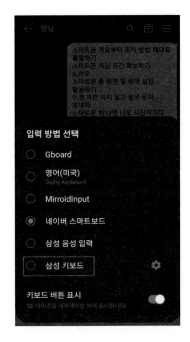 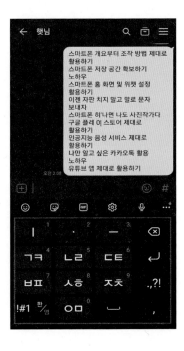

1️⃣ 네이버 스마트보드 말고 기존에 사용하던 키보드로 바꾸고 싶을 때 [키보드]를 터치합니다.

2️⃣ [입력 방법 선택]에서 사용하고자 하는 키보드를 터치합니다. 3️⃣ 사용하던 키보드로 전환됩니다.

22강	스마트워크 앱 활용하기 - 스피치 노트

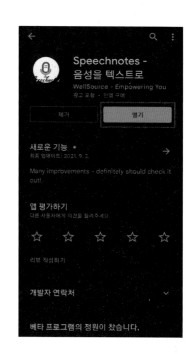

① [구글 Play스토어]를 터치합니다. ② ① [스피치노트]를 입력합니다.

② [Speechnotes-음성을 텍스트로]을 터치하여 설치합니다.

③ [Speechnotes-음성을 텍스트로] 실행을 위해 [열기]를 터치합니다.

C H E C K 리스트

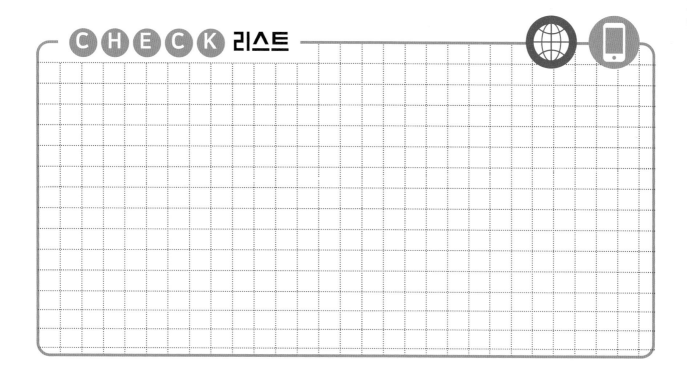

스마트폰 제대로 배우고 익하면 인생이 즐거워집니다!

 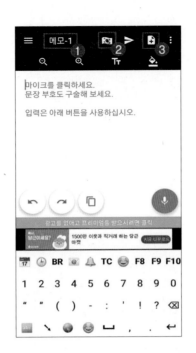 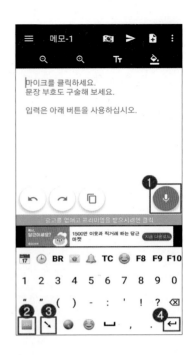

1️⃣ 스피치 노트가 [오디오 녹음]을 접근할 수 있도록 [앱 사용 중에만 허용]합니다.

2️⃣ ① [메모 이름]을 표시합니다. ② [언어]를 선택합니다. ③ 새 메모를 추가할 수 있습니다.

3️⃣ ① [마이크 아이콘]을 터치하면 음성이 텍스트로 변환됩니다. ② [키보드]로 입력합니다.

③ [화면조정]화면을 크거나 작게 만들 수 있습니다. ④ [줄 바꿈] 메모 내용을 다음 줄에 입력할 때 사용합니다.

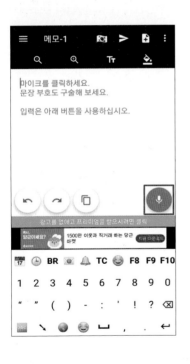 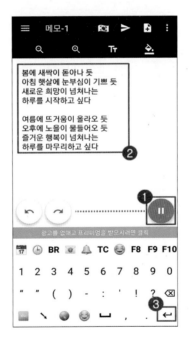 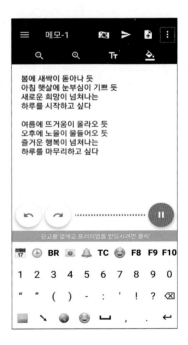

1️⃣ [마이크 아이콘]을 터치합니다. 2️⃣ ① [녹음 아이콘]일 때 메모할 내용을 말합니다. ② 메모할 내용이 텍스트로 기록됩니다. ③ 메모를 하다 줄 바꾸기를 할 때 터치합니다. 3️⃣ 메모한 내용을 저장하기 위해 오른쪽 상단에 [점 세 개]를 터치합니다.

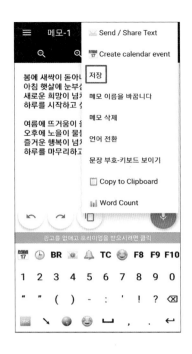
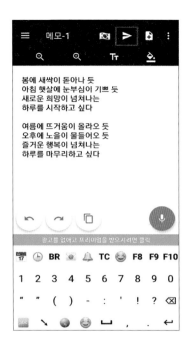

1️⃣ [저장]을 터치하고 저장합니다. 2️⃣ 메모한 글을 다른 사람과 공유하고 싶을 경우 [종이비행기]를 터치합니다. 3️⃣ 공유하고 싶은 곳의 아이콘을 누르면 공유됩니다.

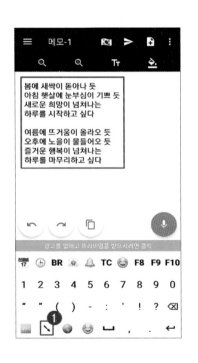
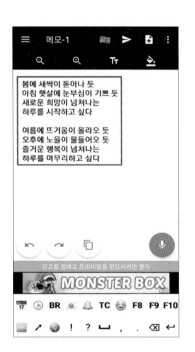
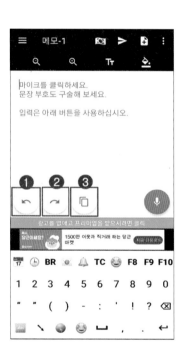

1️⃣ ① [화면조정]을 터치합니다. 2️⃣ 더 많은 메모를 볼 수 있습니다. 3️⃣ ① [되돌리기] 메모한 내용을 되돌릴 때 사용하고 ② [다시 실행] ①번을 지웠을 경우 다시 되돌리기 합니다. ③ [복사] 메모한 내용을 복사할 때 사용합니다.

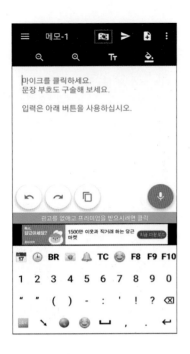  

1️⃣ 다른 나라 언어로 메모하기 위해 [한국어]를 터치합니다. 2️⃣ 언어 선택에서 [English, US]를

선택합니다. 3️⃣ [녹음 모양] 바뀌어 메모를 기록합니다.

  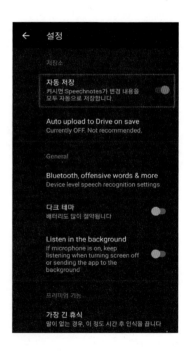

1️⃣ [삼선]을 터치합니다. 2️⃣ [환경 설정]을 터치합니다. 3️⃣ [자동 저장]이 활성화되어 있으면

따로 저장을 하지 않아도 됩니다.

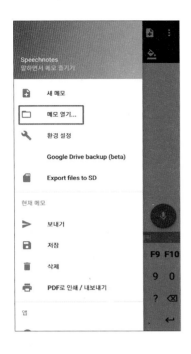  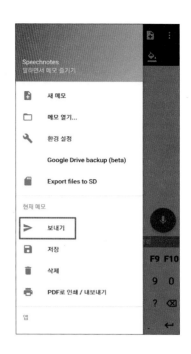

1️⃣ [메모 열기]를 터치합니다. 2️⃣ 저장한 [메모 목록]을 확인할 수 있습니다. 3️⃣ 저장한 메모를 이곳 [보내기]로 보낼 수도 있습니다.

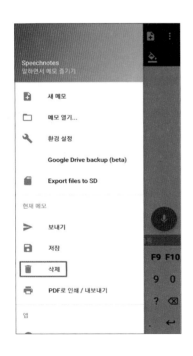 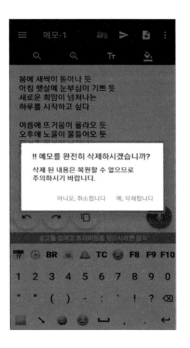

1️⃣ 저장한 메모를 삭제할 경우 [삭제]를 터치합니다. 2️⃣ 메모를 삭제할 경우 [예, 삭제합니다]를 선택합니다. 삭제하지 않을 경우 [아니오, 취소합니다]를 선택합니다.

1 [구글 Play스토어]를 터치합니다. 2 ① [vflat]를 입력합니다. ② [vFlat-내 손안에 책 스캐너 브이플랫]을 터치합니다. 3 [vFlat-내 손안에 책 스캐너 브이플랫]을 설치합니다.

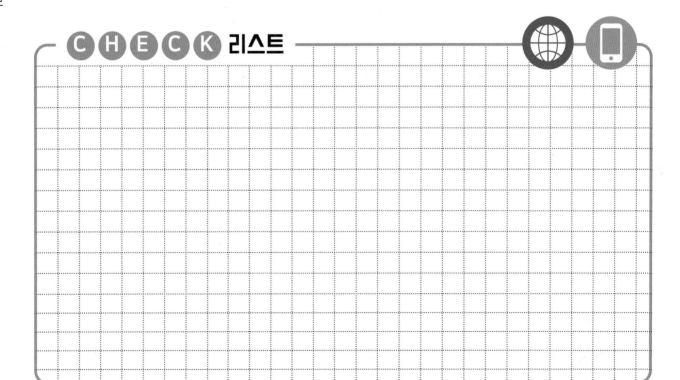

CHECK 리스트

1️⃣ [vFlat-내 손안에 책 스캐너 브이플랫]을 실행하기 위해 [열기]를 터치합니다. 2️⃣ 브이플랫에서 사진을 촬영하고 동영상을 녹화하도록 접근할 수 있게 [앱 사용 중에만 허용]을 터치합니다.
3️⃣ 브이플랫에서 기기의 사진 및 미디어에 액세스하도록 [허용]을 터치합니다.

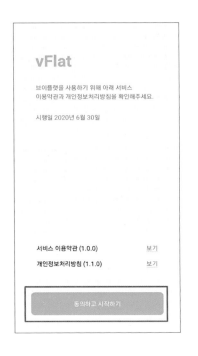  

1️⃣ 브이플랫을 사용하기 위해 아래 서비스 이용약관과 개인정보처리방침을 [동의하고 시작하기] 터치합니다. 2️⃣ ① 녹색 선 안에 스캔할 책을 네 모서리를 맞춥니다. ② [셔터]를 터치합니다.
3️⃣ [기본 폴더]를 터치합니다.

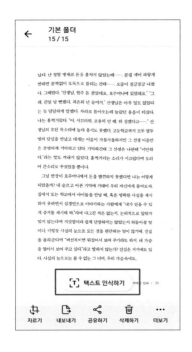
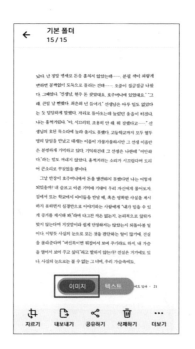
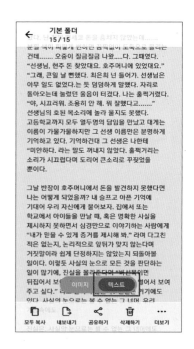

1️⃣ 문자를 인식하는 [텍스트 인식하기]가 나타납니다. 2️⃣ [이미지]를 터치하면 스캔한 원본 책 이미지가 그대로 나타납니다. 3️⃣ [텍스트]를 터치하면 스캔한 원본 책이 텍스트 전환되어 나타납니다.

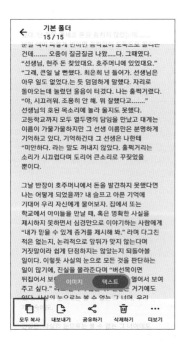

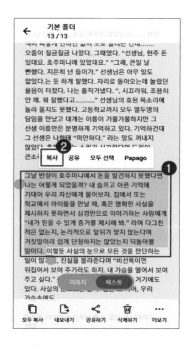

1️⃣ [모두 복사]를 터치합니다. 2️⃣ 카카오톡에 [모두 복사]를 한 내용을 올릴 수 있습니다.

3️⃣ ① 복사할 부분을 선택합니다. ② [복사]를 터치합니다.

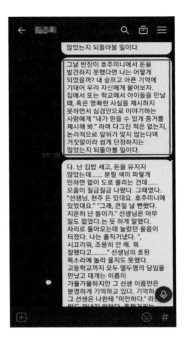
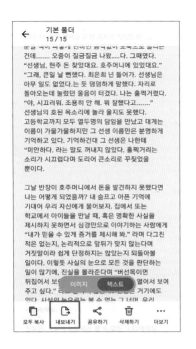
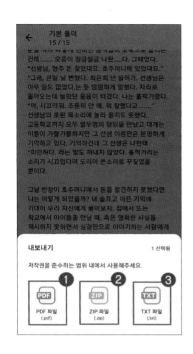

1️⃣ [부분 복사한 내용]을 카카오톡에 올립니다. 2️⃣ 선택한 텍스트를 [내보내기]를 선택합니다.

3️⃣ ① [PDF] 문서로 내보내기를 합니다. ② [ZIP] 내용을 압축해서 내보내기를 합니다. ③ [TXT] 문자로 내보내기를 합니다.

* 내보내기 시 저작권을 준수하는 범위 내에서 사용해야 합니다.

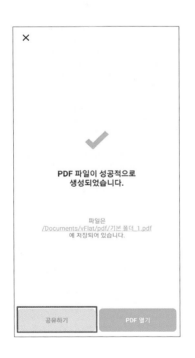

1️⃣ [PDF]로 내보내기를 터치합니다. 2️⃣ PDF 파일이 성공적으로 생성됩니다. [공유하기]를 터치합니다. 3️⃣ 공유하고 싶은 곳의 아이콘을 누르면 공유됩니다.

1 PDF 파일이 성공적으로 생성됩니다. [PDF 열기]를 터치합니다. 2 PDF 파일을 문서작업 할 [파일 열기]된 아이콘을 선택해 실행합니다.

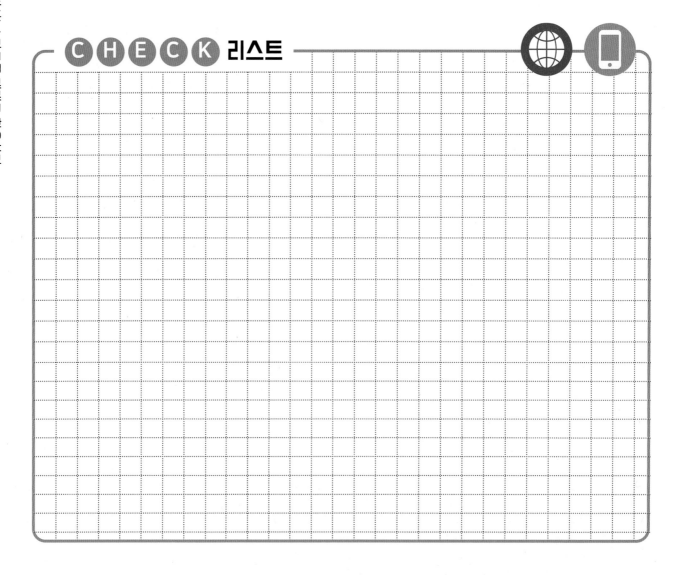

CHECK 리스트

24강 스마트워크 앱 활용하기 – 모바일 팩스

① [구글 Play스토어]를 터치합니다. ② ① [모바일팩스]를 입력합니다. ② [모바일팩스]를 터치합니다. ③ 모바일팩스 [설치]를 터치합니다.

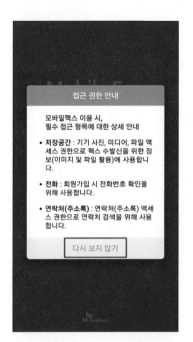

1️⃣ [열기]를 터치합니다. 2️⃣ [접근 권한 안내]는 모바일팩스 이용 시, 필수 접근 항목에 대한 상세 안내입니다. [다시 보지 않기]를 터치합니다. 3️⃣ 모바일 팩스에서 연락처에 액세스하도록 [허용]을 터치합니다.

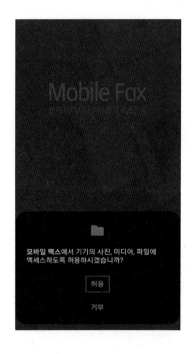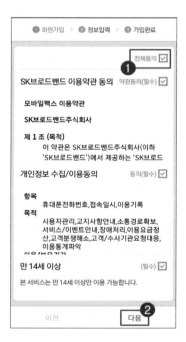

1️⃣ 모바일 팩스에서 전화를 걸고 관리하도록 [허용]을 터치합니다. 2️⃣ 모바일 팩스에서 기기의 사진, 미디어, 파일에 액세스하도록 [허용]을 터치합니다. 3️⃣ ① 회원가입을 위해 [전체동의]를 터치합니다. ② [다음]을 터치합니다.

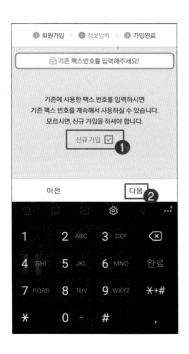

1️⃣ 정보입력을 하기 위해 기존 팩스 번호를 입력하거나 모르면 ① [신규가입]을 터치합니다.
② [다음]을 터치합니다. 2️⃣ ① 자동으로 부여된 팩스 번호 중 사용할 번호를 [선택]합니다.
② [다음]을 터치합니다. 3️⃣ '모바일 팩스 번호를 연락처에 등록하시겠습니까?' 창이 뜨면 [등록]을
터치합니다.

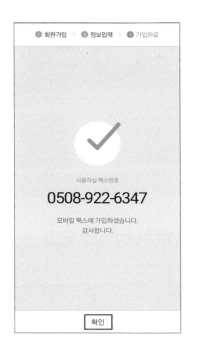
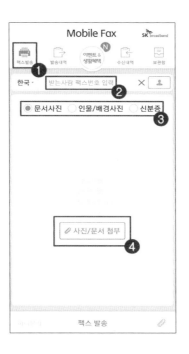
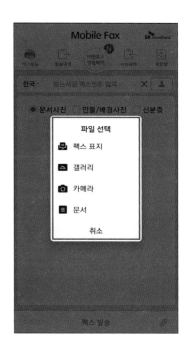

1️⃣ 선택한 팩스 번호로 가입 완료 되었습니다. 모바일 팩스를 사용하기 위해 [확인]을 터치합니다.
2️⃣ ① [팩스발송]을 터치합니다. ② [받는사람 팩스번호 입력]을 터치하고 팩스 번호를 입력합니다.
③ [문서사진], [인물/배경사진], [신분증] 중 하나를 터치합니다. ④ [사진/문서 첨부]를 터치합
니다. 3️⃣ [팩스 표지], [갤러리], [카메라], [문서] 중 파일 하나를 터치합니다.

1 [팩스 표지]를 선택하면 받는 사람에게 정확하게 전달할 수 있습니다. 제목, 발신, 수신, 연락처, 팩스 번호 등 모두 써넣습니다. **2** ① [발송내역]을 터치하면 보낸 팩스의 내역을 볼 수 있습니다. ② [수신내역]을 터치하면 받은 팩스의 내역을 볼 수 있습니다. ③ [보관함]에 자주 보내는 파일을 저장합니다.

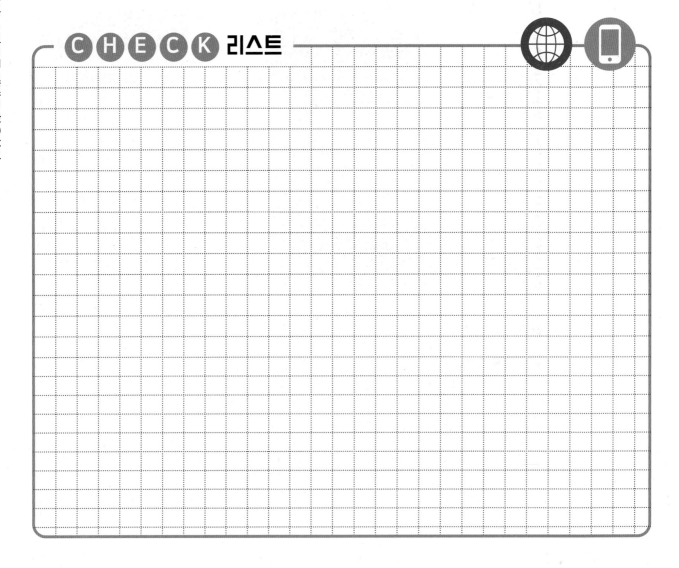

CHECK 리스트